DEFTIG VEGAN

FÜR JEDEN TAG

DEFTIG VEGAN

FÜR JEDEN TAG

Autorin Anne-Katrin Weber Fotos Wolfgang Schardt

Gebratene Gnocchi mit Balsamico-Pilzen

Paprika mit Quinoa-Feta-Füllung

Pasta mit Kürbis, Kürbiskernen und Kernöl

Quinoa-Salat mit Feigen, Feta und grünen Bohnen

Linguine alla genovese

Chicorée-Tarte mit Birne und Haselnüssen

Sizilianische Caponata mit Cannellinibohnen

Kartoffel-Kichererbsen-Curry mit Kokos

Süßkartoffel-Paprika-Pfanne mit Knoblauchdip

INHALT

Schnell und einfach vegan genießen 6

Vegan für jeden Tag 8

Vegane Ernährung, gesunde Ernährung? 10

Herrlich deftig! 12

KNUSPRIGES AUS DER PFANNE 15

GROSSE SUPPENLIEBE 45

PASTA BASTA 73

SATTMACHER-SALATE 99

RAFFINIERTES AUS DEM TOPF 127

HEISS GELIEBTES AUS DEM OFEN 153

Rezept- und Zutatenregister 182

SCHNELL UND EINFACH VEGAN GENIESSEN

Wer kennt es nicht: Die Zeit zwischen Job und Familie ist knapp, auf der ellenlangen To-do-Liste sind noch einige Punkte offen, dazu kommen die vielen alltäglichen Dinge, die man ganz nebenbei auch noch wuppt.

Stand eigentlich „gut essen" auf der Liste? Nein? Wie schade! Dabei gibt uns gutes Essen doch gerade die Energie, die wir benötigen. Gibt uns eine kleine Pause in unserem häufig hektischen Alltag – im besten Fall eine Genusspause. Dann haben wir noch mal so viel davon.

Eben diese Momente hatte ich im Kopf, als ich mich an die Konzeption dieses Buches gemacht habe: jeden Tag – mindestens – ein gutes Essen zu genießen, eines, das schon beim Kochen Spaß macht, das für gute Laune sorgt und satt und zufrieden macht. Und dennoch in kurzer Zeit fertig ist, weil auch für anderes noch Zeit sein soll. Einfach soll es sein, weil du dich an vollen Tagen nicht mit komplizierten, langen Rezeptbeschreibungen beschäftigen sollst. Oder deine Zeit mit der Suche nach ausgefallenen Spezialzutaten verbringen und von Laden zu Laden rennen möchtest. Warum kompliziert, wenn's auch einfach geht?

Vor allem: Schmecken soll's! Und gesund sein. Denn für mich – Köchin, Ernährungswissenschaftlerin, Genießerin – zählen bei einem Essen Geschmack und Gesundheit gleichermaßen. Deftig sollen die Gerichte sein, sie sollen nichts vermissen lassen, schon gar nicht den vollen Geschmack!

Und dennoch ganz ohne tierische Lebensmittel wie Fleisch und Fisch, Eier und Milchprodukte daherkommen. Die Gründe, sich vegan zu ernähren, sind so vielfältig wie die Menschen, die auf die Lebensmittel tierischer Herkunft verzichten. Ethische und gesundheitliche Argumente sprechen für sich, auch die schädlichen Auswirkungen der Lebensmittelproduktion auf Klima, Ökologie und damit auf unseren Planeten rücken zunehmend ins Bewusstsein. Und das ist gut so!

Du möchtest die pflanzliche Küche einfach mal ausprobieren, bist neugierig, wie sie schmeckt? Dann bist du hier genau richtig! Du ernährst dich seit Kurzem oder seit Langem vegan und bist auf der Suche nach neuen, herrlich deftig schmeckenden Gerichten? Herzlich willkommen, auch du bist hier am richtigen Platz! Du suchst Abwechslung beim Kochen und möchtest mehr Pflanzliches essen? Gut so! Ich bin mir sicher, du wirst fündig werden und nach und nach die veganen Gerichte in dein Rezeptrepertoire aufnehmen. Wenn du etwas in deiner Ernährung ändern willst, dann fange einfach an! Du wirst sehen, es ist lange nicht so schwierig, wie du vielleicht gedacht hast.

„Deftig vegan – Für jeden Tag" ist der vierte Band meiner „Deftig vegan"-Reihe – ich geb's zu, da schwingt ein bisschen Stolz mit! Was mich dabei besonders glücklich macht? Mit jedem Buch erreiche ich mehr Menschen, die sich für genussvolle pflanzliche Küche interessieren, die Spaß am Kochen, Essen und Genießen haben. Und das am besten jeden Tag!

Herzlich

Anne-Katrin

VEGAN FÜR JEDEN TAG

Schnell, einfach, unkompliziert und so richtig lecker: So muss für mich vegane Küche im Alltag sein. Und so habe ich mir bei jedem Rezept, das ich für dieses Buch entwickelt habe, folgende Fragen gestellt: Bekomme ich alle – oder wenigstens die meisten – Zutaten im (Bio-)Supermarkt?

Ist es auch für weniger Geübte in der Küche gut zu schaffen? Ist es in 20–30 Minuten fertig?

Ganz klar: Ofengerichte bilden die Ausnahme, da kommt noch die Backzeit hinzu, aber währenddessen kannst du schon die Küche aufräumen und den Tisch decken. Und dich auf ein köstliches Essen freuen.

Und – ganz wichtig: Bin ich mit dem Geschmack zufrieden, macht das Gericht mich satt und glücklich, versorgt es mich mit der nötigen Energie, die ich gerade im hektischen Alltag brauche?

Meine Küchentipps

Damit das Kochen auch dann flott von der Hand geht, wenn wenig Zeit oder der Alltag zu trubelig ist, habe ich ein paar grundlegende Küchentipps für dich.

Die Küchen-Grundausstattung

Das Allerwichtigste beim Kochen sind scharfe Messer. Ein gutes großes Kochmesser und ein kleines Küchenmesser sind unerlässlich. Wie bei so vielen Dingen gilt auch hier: lieber nur wenige Messer als viele, die nichts taugen. Mit ein bisschen Übung geht das Schnibbeln ganz fix. Ein paar Töpfe und Pfannen wirst du in der Küche haben, genauso eine Küchenreibe, einen Pürierstab, auch ein Blitzhacker/Multizerkleinerer ist sehr praktisch. Ein, zwei Schneidebretter hast du sowieso.

Der Vorrat

Ein kleiner Basisvorrat ersetzt so manchen Einkauf und spart damit wertvolle Zeit. Es lohnt sich immer, ein paar haltbare Lebensmittel zur Hand zu haben, sodass auch spontanem Kochen nichts im Weg steht. Das sind die üblichen Verdächtigen wie Nudeln und Reis, Couscous, Hirse und Polenta. Getrocknete rote Linsen, gekochte Kichererbsen, braune Linsen, Mais und weiße, rote oder schwarze Bohnen in Dosen.

Im Tiefkühler ein Päckchen Erbsen oder Spinat, im Küchenschrank Tomatenstückchen in Dosen, Tomatenmark, getrocknete Tomaten in Öl, dazu Oliven und Kapern. Im Kühlschrank lagerst du Tofu, Gnocchi oder fertige Teige. Du siehst, das sind wirklich Basics, die du wahrscheinlich sowieso häufig zu Hause hast. Und sicherlich hast du deine persönlichen Vorratslieblinge im Vorratsschrank, Kühlschrank oder Tiefkühlfach.

Gut geplant ist fast gekocht

Hier habe ich ein paar handfeste, ganz konkrete Schnelle-Küche-Tipps für dich. Die Rezepte in diesem Buch sind für 2 Personen ausgelegt, manchmal lohnt es sich aber, gleich eine größere Menge zu kochen. Besonders bei Suppen und Eintöpfen ist es sinnvoll, gleich mehr zuzubereiten, denn der Arbeitsaufwand ist fast gleich und du kannst Übriggebliebenes gut am nächsten oder übernächsten Tag aufwärmen. Das gilt ebenfalls für viele Backofen- und Pfannengerichte.

Auch von manchen Zutaten wie Getreide (ob Reis, Graupen, Hirse oder Quinoa), Nudeln, Kartoffeln und Hülsenfrüchten solltest du ruhig gleich die doppelte Menge garen. Sie halten sich im Kühlschrank locker 3–4 Tage und bilden dann die Basis für eine Suppe, einen Eintopf oder einen Salat.

Bereite mehr Gemüse zu, als im Rezept angegeben ist, dann freust du dich, wenn du es für die nächste Mahlzeit schon vorbereitet hast. Im Übrigen ist das auch energiesparend. Das Gemüse kannst du kurz in der Pfanne aufwärmen oder du bereitest dir daraus einen Salat zu, den du als Lunch mitnehmen kannst. Also ruhig öfter mal an „einmal kochen, zweimal essen" denken!

Zeit- und Energiespar- sowie Küchenhacks

Dein Backofen ist sowieso in Betrieb? Dann röste gleich noch ein paar Nüsse mit, so schmecken sie noch viel nussiger! Du kannst sie über Salate oder Gemüse streuen oder ruckzuck zu veganem Nuss-Streukäse mixen. Vier ganz unterschiedliche Rezepte für veganen Streukäse als Parmesanersatz gibt's auf den Seiten 86 und 87.

Bereite einfach direkt die drei- oder vierfache Menge Salatsauce zu, fülle sie in eine Flasche und stelle sie in den Kühlschrank – dort hält sie sich etwa 1 Woche. Basisrezepte für Salatsaucen findest du auf den Seiten 108 und 109.

Das Rezept

In deiner Küche geht's beim Kochen chaotisch zu, die Sauce ist fertig, aber die Nudeln sind noch nicht im Wasser? Das geht vor allem Ungeübten häufig so! Damit alles flott von der Hand geht, lies zunächst ein Rezept ganz durch (ja, ganz!) und stelle sämtliche Zutaten und Utensilien – Topf oder Pfanne, Nudelsieb oder Pürierstab – bereit. Achte beim Kochen auf die richtige Reihenfolge und halte dich an das Rezept, so kommt während der Zubereitung kein Stress auf.

Meal Prep

Wenn du unter der Woche wenig Zeit hast, bereite schon am Wochenende etwas zu essen vor. Überlege dir davor, welche Gerichte du essen möchtest, und schreibe eine Einkaufsliste. Plane so, dass du Reste gut kombinieren kannst. Von Reis, Nudeln oder Kartoffeln kannst du die doppelte Menge kochen und für ein neues Gericht 3–4 Tage im Kühlschrank aufbewahren. Suppen und Backofengerichte kannst du prima einfrieren, beschrifte Tiefkühldose oder Gefrierbeutel mit dem Namen des Gerichts, der Portionenzahl und dem Herstellungsdatum, sodass dich beim Auftauen keine bösen Überraschungen erwarten.

Mit der Zeit wirst du Routine im Meal Prepping bekommen und dabei deinen Weg finden, deine Zeit in der Küche effizient zu nutzen. Bestimmt fallen dir noch mehr Möglichkeiten ein, wie du in der Küche Zeit sparen kannst. Hauptsache, du sparst nicht am Genuss!

VEGANE ERNÄHRUNG, GESUNDE ERNÄHRUNG?

Ach, wenn es so einfach wäre! Zwar überwiegen die Vorteile einer pflanzenbasierten Ernährung, wenn man sie dem gegenüberstellt, was der Durchschnittsesser täglich zu sich nimmt, aber ein kritisches Auge darauf haben, was man am Tag konsumiert, sollte man unbedingt!

Eine rein pflanzliche Ernährung kann bedarfsdeckend sein und zu einer guten Gesundheit verhelfen. Vieles spricht dafür, dass Menschen, die sich rein pflanzlich ernähren, einiges richtig, manches vielleicht sogar besser machen als das Gros der Bevölkerung. Aber du ernährst dich nicht automatisch gesund, wenn du tierische Lebensmittel weglässt – das ist mir wichtig zu sagen.

Darauf solltest du achten

Die fünf wichtigsten Nahrungsmittelgruppen der pflanzlichen Ernährung sind Hülsenfrüchte, Getreide, Gemüse, Obst, Nüsse und Samen. Auf diese gehe ich im Weiteren näher ein. Das solltest du ganz besonders aufmerksam lesen, wenn du dich mit veganem Essen noch nicht so auskennst und dich fragst, ob du ausreichend mit allen Nährstoffen versorgt wirst.

Eines vorab: Generell kannst du deinen Körper mit einer sehr guten veganen Ernährung mit allem versorgen. Aber ein paar der kritischen Nährstoffe sollten in den meisten Fällen ergänzt werden. Das sind vor allem Eisen und Vitamin B_{12}. Weniger bekannt ist, dass es auch bei Vitamin B_2, Vitamin D, bei Calcium, Jod, Selen und Zink zu einer Unterversorgung kommen kann.

ABWECHSLUNGSREICH ESSEN Damit du mit allen Nährstoffen gut versorgt bist, solltest du genauer hinschauen, was du zu dir nimmst. Das ist besonders dann wichtig, wenn du dich komplett vegan ernährst. Kein Lebensmittel allein enthält alle Nährstoffe. Aus diesem Grund ist Vielfalt auf dem Teller angesagt.

HÜLSENFRÜCHTE Erbsen, Kichererbsen, Bohnen, Linsen und Lupinen sind die wichtigsten pflanzlichen Eiweißlieferanten. Von Bohnen und Linsen gibt es unzählige Sorten, es gibt sie getrocknet und viele auch vorgekocht in Dosen oder Gläsern. Das ist gerade für die Alltagsküche von großem Vorteil, so sparst du viel Zeit. Du kannst aber auch getrocknete Hülsenfrüchte einweichen, kochen und portionsweise einfrieren, das ist preiswerter.

Hülsenfrüchte versorgen uns mit viel gesundem Eiweiß, Spitzenreiter unter ihnen sind Sojabohnen und Lupinen mit rund 35 Prozent Proteinanteil. Immer eine gute Idee ist es, in einer Mahlzeit Hülsenfrüchte und Getreide zu kombinieren, so erhält dein Körper sehr hochwertiges Protein.

Sojabohnen und Erzeugnisse daraus wie Tofu und Tempeh besitzen wertvolles Eiweiß. Bestimmt ist es für dich wichtig zu wissen, dass Biosoja grundsätzlich nicht genmanipuliert ist und in Sojaprodukte, die in Europa hergestellt werden, kein Soja wandert, für das der Regenwald gerodet wird.

GETREIDE Die Familie der Getreide ist sehr groß, sie umfasst heimisches Getreide wie Weizen, Dinkel, Hafer, Roggen und Gerste ebenso wie Reis und Hirse. Sogenannte Pseudogetreide wie

Quinoa, Buchweizen und Amaranth sind glutenfrei und auch sehr eiweißreich, ganz besonders Quinoa. Übrigens: Wusstest du, dass Quinoa und Amaranth in Bioqualität zunehmend auch bei uns angebaut werden?

Kombiniere Getreide sowie Pseudogetreide am besten immer mit Hülsenfrüchten, Kartoffeln oder Nüssen und Samen – das erhöht die biologische Wertigkeit des Eiweißes.

GEMÜSE Ich persönlich kann gar nicht genug Gemüse auf dem Teller haben. Das wirst du spätestens dann merken, wenn du beim Rezeptteil angelangt bist. So schaffe ich es locker, die von der Deutschen Gesellschaft für Ernährung (DGE) empfohlenen 450 g Gemüse am Tag zu essen. Bei einer rein veganen Ernährung sollte der Anteil eher noch höher sein. Wenn du zunehmend vegan kochst, erhöht sich der Gemüseanteil in deinem Essen ganz automatisch – Grund genug, teilweise oder komplett auf pflanzliche Küche umzusteigen!

Meine Küche ist sehr saisonal ausgerichtet. Nach dem Winter freue ich mich auf frisches Frühlingsgrün, auf Spargel, Radieschen, junge Karotten, Rhabarber, Erdbeeren und Kräuter. Im Sommer wird die Küche automatisch mediterraner, dann gibt's viel Fruchtgemüse wie Tomaten, Paprika, Zucchini und Auberginen, dazu die Vielfalt frischer Bohnen, Erbsen, Spinat und Mangold. Im Herbst kommt deftiges Wurzelgemüse wie Petersilienwurzeln, Pastinaken, Knollensellerie und Rote Bete in Topf, Pfanne oder Auflaufform, auch Steckrüben und Topinambur, Süßkartoffeln und Kürbis. Wenn der Herbst in den Winter übergeht, wird meine Küche noch herzhafter. Dann schwelge ich in der Kohlvielfalt, angefangen bei kleinen Rosenkohlsprossen über Wirsing und Braunkohl bis zu großen Weiß- oder Rotkohlköpfen. Auch frischen Lauch liebe ich dann sehr und winterharte Salate wie Endivie oder Feldsalat.

OBST Laut DGE sollten wir etwa 250 g Früchte am Tag essen. Nichts leichter als das! Zumal ich Obst gern mit Herzhaftem mische, wie du in den Rezepten sehen wirst. Aber auch solo schmecken Apfel, Aprikose und Co. richtig gut, ob als frische Frucht oder getrocknet. Sie kommen morgens ins Müsli und wandern zwischendurch als kleiner Vitaminsnack in den Mund.

NÜSSE UND SAMEN Lange Zeit hatten Nüsse, Kerne und Samen aufgrund ihres hohen Fettanteils ein eher schlechtes Image, sie galten als Dickmacher. Heute empfiehlt die DGE, täglich eine Portion davon zu essen. Auch hier sage ich: Nichts leichter als das!

Ob Hasel- oder Walnüsse, Cashews oder Pekannüsse: Sie alle enthalten hochwertige Fette, sind ballaststoffreich, liefern wirksame sekundäre Pflanzenstoffe und haben einen besonders positiven Effekt auf die Herzgesundheit. Samen und Kerne wie Kürbis- und Sonnenblumenkerne, Lein- und Sesamsamen streue ich gern – am liebsten kurz in der Pfanne geröstet – über Salate, das bringt nussigen Geschmack und knackigen Biss. Aus Nüssen und Samen stelle ich im Mixer ruckzuck veganen Streukäse her – wunderbar zu Pasta, Risotto und Co.! Die Rezepte sind auf den Seiten 86 und 87.

HERRLICH DEFTIG!

Woher stammt eigentlich der Wunsch nach deftigem Essen, nach Gebratenem, Herzhaftem, Würzigem, „Fleischigem"?

Die Vorliebe für bestimmte Geschmacksrichtungen ist im Lauf der Evolution geprägt worden. Deftiges Essen stellte bei unseren Vorfahren sicher, dass Lebensmittel von hoher Nährstoffdichte gegessen wurden. Reichhaltiges, protein-, kohlenhydrat- und mineralstoffreiches Essen war fürs Überleben unerlässlich. Diese Vorlieben wirken bis in unsere heutige Ernährung hinein.

Was macht ein Essen zu einem deftigen Essen?

Überhaupt: Kann veganes Essen deftig schmecken? Geht das nicht nur mit Fleisch, Käse und Co.? Die Wahl der Zutaten und der Zubereitungsarten ist dafür verantwortlich, ob ein Essen gut oder gut und deftig schmeckt. Viele Geschmackserlebnisse, die wir mit deftigem Essen assoziieren, verbinden wir ganz selbstverständlich mit Fleischgerichten, mit Gebratenem, Gegrilltem, Geschmortem. Doch durch eine bewusste Auswahl pflanzlicher Lebensmittel und der richtigen Zubereitungsart können wir auch die vegane Küche in eine deftige Küche verwandeln.

4, 5 oder 6 Geschmacksrichtungen

Zu den vier bekannten Geschmacksrichtungen süß, sauer, salzig und bitter gesellen sich noch zwei weitere. Schon etwas länger ist umami in aller Munde, als sechste Geschmacksrichtung wird seit einigen Jahren fettig diskutiert. Fette – also Pflanzenöle, Nüsse und Samen – sind wichtige Geschmacksträger, ganz abgesehen davon versorgen sie uns mit gesunden Fettsäuren. Diese „guten Fette" haben in ernährungsphysiologischer Hinsicht in den vergangenen Jahren einen Freispruch erhalten. Gut so!

Die würzige Geschmacksrichtung

Doch nun zu umami: Der aus Japan stammende Begriff wird gern mit herzhaft, voll, fleischig oder intensiv umschrieben. Diese besondere Geschmacksnote wird unter anderem durch bestimmte Aminosäuren (Eiweißbausteine) wie die Glutaminsäure hervorgerufen, die in vielen eiweißhaltigen Lebensmitteln ganz natürlich vorkommt. Einige Lebensmittel bringen reichlich umami mit. In der veganen Küche sind das vor allem getrocknete Pilze (ganz besonders Steinpilze und Shiitake), getrocknete Tomaten, Tomatenmark, Nüsse (ganz besonders Walnüsse), schwarze Oliven, Algen und Hefeflocken.

Zahlreiche Gewürze, Würzsaucen und fermentierte Lebensmittel bringen im Handumdrehen herzhafte Würze ans Essen. Bei den Gewürzen sind das vor allem Pfeffer, Paprika und Chili. Geräuchertes – von natürlichem Rauchsalz über geräuchertes Paprikapulver bis zu Räuchertofu – ist wie gemacht für die deftige Küche. Senf, ob glatt oder körnig, ein Löffel Sojasauce, Misopasten (fermentierte Würzpasten auf Basis von Soja und Getreide) von hell und mild bis dunkel und würzig, ein Spritzer Aceto balsamico, auch Bier und Rotwein sind, richtig eingesetzt, herrlich deftig. Der besondere Umami-Geschmack entsteht also auf unterschiedliche Art, etwa durch Trocknen, Fermentieren oder Reifen, durch Schmoren oder langes Kochen.

Braten, Rösten, Gratinieren

Auch die Wahl der Garmethode ist dafür verantwortlich, ob ein Essen deftig schmeckt oder nicht. Beim Braten, Schmoren, Grillen, Backen, Gratinieren, Karamellisieren oder Frittieren werden viele Röststoffe erzeugt, die für den vollen Geschmack sorgen. Deshalb röste ich Gemüse gern im Backofen, wo es kräftig bräunt und eine appetitliche Kruste bekommt. Oder ich brate es mit Zwiebeln und Knoblauch in der Pfanne oder im Wok an. Geschmortes entwickelt durch die längere Garzeit reichlich Röst- und Geschmacksstoffe, beim Gratinieren entstehen goldbraune, knusprige Krusten.

Fleischalternativen

Viele Menschen, die sich vegan ernähren, haben eine Sehnsucht nach dem vertrauten Geschmack von früher, nach dem Lieblingsessen aus der Kindheit, dem sonntäglichen Familiengericht. Das mag für den einen das lange geschmorte Gulasch oder ein knuspriges, paniertes Schnitzel sein, für die andere eine würzige Bulette oder die Currywurst.

Auf diese Bedürfnisse reagieren die Hersteller veganer Fleischersatzprodukte, denn der Ruf nach veganen Lebensmitteln ist groß, die Gewinnmargen sind es offensichtlich ebenso. Die wachsende Zahl an Menschen, die sich teilweise oder komplett fleischlos ernähren, lässt sich an der Verkaufsentwicklung der Fleischalternativen ablesen. Fleischersatzprodukte bieten vielen Menschen einen Einstieg in eine (teilweise) fleischfreie Ernährung, da kommen pflanzliche Alternativen wie gerufen, da für sie „Fleischiges" zu einem vollständigen Gericht gehört.

Ob im Supermarkt oder Bioladen: In den Kühltheken tummelt sich ein zunehmend großes Angebot an pflanzlichen Bratwürstchen, Schnitzeln und Steaks, wie gemacht für die schnelle Küche. Bei diesen Produkten stellen sich unweigerlich folgende Fragen: Woraus sind sie gemacht, was ist drin, wie gesund sind sie?

Ich rate dringend dazu, einen Blick auf die Zutatenliste zu werfen! Um Konsistenz und Aussehen der Originalprodukte zu kopieren, sind industrielle Prozesse nötig – vegane Fleischersatzprodukte sind hochverarbeitete Produkte und keine naturbelassenen Lebensmittel. Sie sind nicht mehr oder weniger gesund als andere industrielle Fertigprodukte. Vom häufigen Konsum veganer Fleischersatzprodukte wird deshalb abgeraten.

Wenn du deiner Gesundheit etwas Gutes tun willst – und das ist mir sehr wichtig –, solltest du Fleischersatzprodukte so selten wie möglich essen und besser zu wenig verarbeiteten Lebensmitteln wie Tofu oder Seitan greifen, die ich auch in meinen Rezepten verwende. Und vor allem: Du solltest so häufig wie möglich selbst kochen (oder dich bekochen lassen). Dann weißt du, was in deinem Essen drin ist.

KNUSPRIGES AUS DER PFANNE

GEBRATENE GNOCCHI MIT BALSAMICO-PILZEN

Die Zeit ist knapp, der Hunger groß? Dann schnappe dir rasch eine Pfanne und fange an zu brutzeln! Zu Gnocchi und Pilzen passt veganer Streukäse, ob aus dem Kühlregal oder ein selbst gemachter – mehrere Rezepte gibt's auf den Seiten 86 und 87.

Zubereitungszeit 20 Minuten

Für 2 Personen

FÜR DIE BALSAMICO-PILZE
10 g getrocknete Steinpilze
400 g gemischte Pilze (z. B. Champignons und Pfifferlinge)
½ Bund Frühlingszwiebeln
2 Knoblauchzehen
1 EL Olivenöl
1 EL Weizenmehl (Type 405)
1 gehäufter EL Tomatenmark
2 EL Balsamico-Essig
1 EL Agavensirup
200 ml Gemüsebrühe (siehe Seite 60; oder Fertigprodukt)
1 kleiner Zweig Rosmarin
Salz
schwarzer Pfeffer aus der Mühle

FÜR DIE GNOCCHI
1–2 EL Olivenöl
400 g Gnocchi (Fertigprodukt)

FÜR DAS TOPPING
2–3 EL veganer Streukäse (z. B. Steinpilz-Nuss-Streukäse, siehe Seite 86; oder Fertigprodukt)

Nährwerte pro Person: 592 kcal
F 17 g, KH 89 g, B 3 g, EW 16 g

1 Für die Balsamico-Pilze die **getrockneten Steinpilze** in eine Schale geben, mit 100 ml kochendem Wasser überbrühen und bis zur Verwendung einweichen. **2** In der Zwischenzeit die **frischen Pilze** säubern und in Scheiben schneiden. Die **Frühlingszwiebeln** putzen und waschen, dann weiße und grüne Teile getrennt in dünne Röllchen schneiden. **Knoblauchzehen** schälen und fein hacken. **3** Das **Olivenöl** in einer großen Pfanne erhitzen, Pilze und weiße Frühlingszwiebelröllchen etwa 5 Minuten kräftig anbraten. Den Knoblauch ganz kurz mitdünsten, mit **Mehl** bestäuben, **Tomatenmark** einrühren, mit **Balsamico-Essig** ablöschen, dann **Agavensirup** und **Gemüsebrühe** hinzufügen. Den **Rosmarin** abbrausen und hineingeben, ebenso die eingeweichten Steinpilze mitsamt Einweichwasser. Mit **Salz** und **Pfeffer** würzen, aufkochen und 5–8 Minuten offen einkochen lassen. **4** Inzwischen für die Gnocchi in einer zweiten Pfanne das **Olivenöl** erhitzen und **Gnocchi** darin bei mittlerer Hitze rundum goldbraun anbraten. **5** Die Balsamico-Pilze abschmecken, grüne Frühlingszwiebelröllchen unterrühren und mit den Gnocchi auf zwei Tellern anrichten. Zum Schluss mit dem **Streukäse** toppen.

Tipp Serviere dazu mal etwas Kürbis- oder Tomatenpesto (siehe Seiten 140 und 141).

frei von raffiniertem Zucker, sojafrei

SÜSSKARTOFFEL-PAPRIKA-PFANNE MIT KNOBLAUCHDIP

Der natürliche Gehalt an Zucker gibt den Süßkartoffeln ihren Namen. Mit Kartoffeln sind sie nur ganz weit entfernt verwandt, lassen sich aber, wie diese auch, gut anbraten.

Zubereitungszeit 20 Minuten

Für 2 Personen

FÜR DAS GEMÜSE
600 g Süßkartoffeln
1 grüne Paprika
1 rote Paprika
2 Frühlingszwiebeln
2 EL Olivenöl
2 EL entsteinte schwarze Oliven
Salz
schwarzer Pfeffer aus der Mühle
½ TL Cayennepfeffer
2 EL Petersilienblätter

FÜR DEN DIP
125 g vegane Crème fraîche
1 Knoblauchzehe
½ TL abgeriebene Biozitronenschale
Salz
schwarzer Pfeffer aus der Mühle

Nährwerte pro Person: 680 kcal
F 35 g, KH 77 g, B 13 g, EW 9 g

1 Die **Süßkartoffeln** schälen und in gut 1 cm kleine Würfel schneiden. Beide **Paprika** waschen, entkernen und in kleine Stücke schneiden. Die **Frühlingszwiebeln** waschen, putzen und in kurze Stücke schneiden. **2** Das **Olivenöl** in einer Pfanne erhitzen und die Süßkartoffeln darin etwa 5 Minuten kräftig rundum anbraten. Paprika und Frühlingszwiebeln dazugeben und noch etwa 5 Minuten unter gelegentlichem Wenden braten. Die **Oliven** halbieren, zum Gemüse geben und mit **Salz, Pfeffer** und **Cayennepfeffer** würzen. Die **Petersilie** fein hacken und unterrühren. **3** Währenddessen für den Dip die **Crème fraîche** in eine kleine Schüssel geben. Die **Knoblauchzehe** schälen und hineinpressen. Die **Zitronenschale** unterrühren und mit **Salz** und **Pfeffer** abschmecken. **4** Das Pfannengemüse mit dem Knoblauchdip auf zwei Tellern anrichten.

glutenfrei, frei von raffiniertem Zucker, sojafrei

CHILISCHARFER TERIYAKI-TOFU MIT PAK CHOI

Zu knusprigem Tofu und grünem Gemüse passen Reis oder Mie-Nudeln, die in wenigen Minuten gar sind und die würzig-scharfe Sauce gut aufnehmen.

Zubereitungszeit 20 Minuten

Für 2 Personen

FÜR DEN TOFU
1–2 Knoblauchzehen
15 g Ingwer
½ Bund Frühlingszwiebeln
1 kleine rote Chili
300 g Tofu Natur
2 EL Speisestärke
2 EL Pflanzenöl
4 EL Teriyaki-Sauce
2 EL Sojasauce
1 EL Limettensaft
1 EL Ahornsirup

FÜR DEN PAK CHOI
400 g Pak Choi
1 EL geröstetes Sesamöl
2 EL Teriyaki-Sauce
1 EL geschälte Sesamsaat

Nährwerte pro Person: 490 kcal
F 31 g, KH 23 g, B 7 g, EW 29 g

1 Für den Tofu **Knoblauchzehe(n)** und **Ingwer** schälen und fein hacken. Die **Frühlingszwiebeln** putzen, waschen und in feine Röllchen schneiden. Die **Chili** waschen, entkernen und fein hacken. 2 Den **Tofu** gut trocken tupfen, grob in Würfel schneiden und in der **Stärke** wenden. Das **Pflanzenöl** in einer Pfanne erhitzen, die Tofuwürfel darin rundum kurz und kräftig anbraten, dann herausnehmen. Knoblauch, Ingwer und Frühlingszwiebeln im verbleibenden Bratfett anbraten, Chili, **Teriyaki-Sauce, Sojasauce, Limettensaft, Ahornsirup** und 4–5 EL Wasser hinzufügen und 2–3 Minuten köcheln lassen. Die Tofuwürfel in die Sauce geben und vom Herd nehmen. 3 In der Zwischenzeit den **Pak Choi** in einzelne Blätter teilen, waschen und abtropfen lassen. Das **Sesamöl** in einer zweiten Pfanne erhitzen und den Pak Choi kurz darin anbraten. **Teriyaki-Sauce** und **Sesam** hinzufügen und kurz durchschwenken. Mit dem Tofu auf zwei Tellern anrichten und genießen.

RÄUCHERTOFU-BULETTEN MIT RAHM-GURKENSALAT

Wenn du so richtig herzhaftes Essen magst, kann ich dir diese würzigen Tofupflanzerl sehr ans Herz legen!

Zubereitungszeit 30 Minuten

Für 2 Personen

FÜR DEN GURKENSALAT
1 Salatgurke
Salz
1 EL vegane Crème fraîche
2 EL Pflanzenjoghurt (z. B. Sojajoghurt)
1 ½ EL Weißweinessig
2 EL Sonnenblumenöl
schwarzer Pfeffer aus der Mühle
2–3 Stängel Dill

FÜR DIE BULETTEN
5–6 EL ungesüßte Pflanzenmilch
1 Brötchen (vom Vortag)
300 g Räuchertofu
1 kleine Zwiebel
1 große Kartoffel
1 EL Tomatenmark
1–2 TL körniger Senf plus etwas zum Servieren
1 EL Sojasauce
½ TL getrockneter Majoran oder Thymian
Salz
schwarzer Pfeffer aus der Mühle
2 EL Pflanzenöl

Nährwerte pro Person: 651 kcal
F 22 g, KH 47 g, B 7 g, EW 39 g

❶ Für den Gurkensalat die **Gurke** waschen und in dünne Scheiben hobeln. In eine Schüssel geben, mit 1 TL **Salz** mischen und 10 Minuten Wasser ziehen lassen. ❷ Inzwischen für die Buletten die **Pflanzenmilch** erwärmen. Das **Brötchen** in kleine Würfel schneiden, in eine Schüssel geben, mit der warmen Pflanzenmilch beträufeln und einweichen lassen. ❸ **Crème fraîche, Joghurt, Essig, Sonnenblumenöl** und **Pfeffer** in einer Schüssel verrühren. Den **Dill** abbrausen, die Spitzen abzupfen, fein hacken und unterrühren. Die Gurkenscheiben mit den Händen ausdrücken, zur Sauce geben, vermischen und den Gurkensalat abgedeckt beiseitestellen. ❹ Den **Tofu** trocken tupfen, in Würfel schneiden und im Blitzhacker zu einer krümeligen Masse zerkleinern. Die **Zwiebel** schälen und ganz fein würfeln. Die **Kartoffel** schälen und fein raspeln. Tofu, Zwiebeln und Kartoffeln zum eingeweichten Brötchen in die Schüssel geben, **Tomatenmark, Senf, Sojasauce** und **Gewürzkraut** hinzufügen, kräftig verkneten und mit **Salz** und **Pfeffer** würzen. ❺ Das **Pflanzenöl** in einer Pfanne erhitzen. Aus der Tofumasse mit angefeuchteten Händen sechs bis acht Buletten formen und bei niedriger bis mittlerer Hitze von beiden Seiten jeweils etwa 3 Minuten langsam knusprig und goldbraun braten (aufpassen, sie bräunen schnell). ❻ Die Buletten mit dem Gurkensalat auf zwei Tellern anrichten und dazu etwas **Senf** reichen.

Tipp Zwiebel-Pickles (siehe Seite 168) schmecken dazu und zu Buletten pur passt Remoulade (siehe Seite 36) sehr gut.

INGWERSCHARFER FRIED RICE MIT ZUCKERMAIS UND TOFU

Mit gegartem Reis vom Vortag gelingt Fried Rice am besten, da er sich besser anbraten lässt als frisch gekochter. Wenn du für dieses Rezept frischen Reis kochst – 150 g brauchst du dafür –, lass ihn gut abtropfen, sodass er möglichst trocken ist.

Zubereitungszeit 25 Minuten

Für 2 Personen

FÜR DIE SAUCE
15 g Ingwer
2 Knoblauchzehen
2 EL Sojasauce
2 EL Reis- oder Weißweinessig
1 EL Agavensirup
1–2 EL Sriracha-Sauce plus etwas zum Anrichten
1 EL geröstetes Sesamöl

FÜR DEN FRIED RICE
200 g Tofu (z. B. Kurkuma-Tofu)
1 große Karotte
100 g Zuckerschoten
½ Bund Frühlingszwiebeln
1 frischer Zuckermaiskolben
2 EL Pflanzenöl
300 g gekochter Basmatireis (vom Vortag)
Salz

Nährwerte pro Person: 619 kcal
F 23 g, KH 76 g, B 4 g, EW 24 g

❶ Für die Sauce **Ingwer** und **Knoblauchzehen** schälen und fein reiben oder hacken. Mit **Sojasauce, Essig, Agavensirup, Sriracha-Sauce** und **Sesamöl** verrühren und die Sauce beiseitestellen. ❷ Für den Fried Rice den **Tofu** trocken tupfen und in kleine Würfel schneiden. Die **Karotte** schälen und in dünne Scheiben schneiden. **Zuckerschoten** abbrausen und längs in Streifen schneiden. **Frühlingszwiebeln** putzen, waschen, dann weiße und grüne Teile getrennt in Röllchen schneiden. Die **Maiskörner** mit einem scharfen Messer vom Kolben schneiden. ❸ In einem Wok oder in einer großen tiefen Pfanne 1 EL **Pflanzenöl** erhitzen. Die Tofuwürfel darin bei mittlerer Hitze etwa 2 Minuten rundum kräftig anbraten und herausnehmen. ❹ Das restliche **Pflanzenöl** im Wok oder in der Pfanne erhitzen und die Karottenwürfel darin etwa 2 Minuten anbraten. Zuckerschoten, weiße Frühlingszwiebelröllchen und Mais dazugeben und kurz unter Rühren anbraten. ❺ Den **Reis** hinzufügen und mit anbraten, dann die Sauce darübergießen und alles unter Rühren erhitzen. Grüne Frühlingszwiebelröllchen und Tofu unterheben und abschmecken. ❻ Den Fried Rice auf zwei Schalen verteilen und nach Belieben mit etwas **Sriracha-Sauce** beträufeln.

Tipp Als Topping schmecken die karamellisierten Erdnuss-Kokos-Streusel (siehe Seite 67) sehr gut.

RÜHRGEBRATENER BROKKOLI MIT KOKOSREIS

Ein Wok ist zum Rührbraten immer gut, eine große, möglichst tiefe Pfanne tut's aber auch.

Zubereitungszeit 20 Minuten

Für 2 Personen

FÜR DEN KOKOSREIS
300 ml Kokosmilch aus der Dose
200 g Basmatireis
Salz

FÜR DAS TOPPING
3 EL Cashewkerne
1 EL ungeschälte Sesamsaat

FÜR DEN BROKKOLI
1 mittelgroßer Brokkoli (ca. 400 g)
1 Knoblauchzehe
15 g Ingwer
1 EL Pflanzenöl
4 EL Sojasauce
2–3 TL Limettensaft
Salz
schwarzer Pfeffer aus der Mühle

FÜR DIE GURKENSALSA
½ Minigurke
1 Frühlingszwiebel
½–1 kleine rote Chili
1 EL geröstetes Sesamöl
1–2 TL Limettensaft
Salz

Nährwerte pro Person: 929 kcal
F 48 g, KH 96 g, B 10 g, EW 24 g

❶ Für den Kokosreis 250 ml Wasser, **Kokosmilch, Reis** und eine kräftige Prise **Salz** in einen Topf geben, aufkochen, dann bei niedriger Hitze etwa 10 Minuten gar köcheln lassen, dabei ab und zu umrühren und eventuell noch etwas Wasser angießen, der Reis soll cremig-dick sein. ❷ Inzwischen für das Topping die **Cashewkerne** in einer Pfanne ohne Fett goldbraun rösten und abkühlen lassen. ❸ Den **Brokkoli** putzen, in kleine Röschen teilen, waschen und abtropfen lassen. **Knoblauchzehe** und **Ingwer** schälen und fein hacken. Das **Pflanzenöl** in einem Wok oder in einer großen Pfanne erhitzen und den Brokkoli darin bei mittlerer Hitze rundum etwa 5 Minuten anbraten. Knoblauch und Ingwer dazugeben und kurz mitbraten. Mit **Sojasauce** ablöschen, **Limettensaft** darüberträufeln und mit **Salz** und **Pfeffer** abschmecken. ❹ In der Zwischenzeit für die Gurkensalsa die **Gurke** waschen und in feine Würfel schneiden. **Frühlingszwiebel** putzen, waschen und in feine Röllchen schneiden. Die **Chili** waschen, entkernen und fein hacken. Alles in eine Schüssel geben, **Sesamöl, Limettensaft** und etwas **Salz** hinzugeben und vermischen. ❺ Den Kokosreis auf zwei Teller verteilen, den Brokkoli darübergeben und mit der Gurkensalsa toppen. Mit Cashews und **Sesam** bestreuen und genießen.

MIE-NUDELN MIT SCHARFEM TOFUHACK

Du hast wenig Zeit, aber große Lust auf scharfes Essen? Dann hätte ich da was für dich und behaupte: Das könnte eines deiner Lieblings-Speed-Rezepte werden!

Zubereitungszeit 15 Minuten

Für 2 Personen

Salz
200 g Tofu Natur
15 g Ingwer
2 Knoblauchzehen
1 Bund Frühlingszwiebeln
1 EL Pflanzenöl
1 EL geröstetes Sesamöl
4–5 EL Sojasauce
1–2 EL Sriracha-Sauce
180 g vegane Mie-Nudeln
1 TL Chiliflocken
1 EL ungeschälte Sesamsaat

Nährwerte pro Person: 620 kcal
F 23 g, KH 73 g, B 4 g, EW 30 g

❶ Reichlich **Salzwasser** in einem Topf zum Kochen bringen. ❷ Inzwischen den **Tofu** gut trocken tupfen und mit den Händen in einer Schüssel fein zerkrümeln. **Ingwer** und **Knoblauchzehen** schälen und fein hacken. Die **Frühlingszwiebeln** putzen, waschen, dann weiße und grüne Teile getrennt in Röllchen schneiden. ❸ Eine (möglichst beschichtete) Pfanne erhitzen, beide **Öle** hineingeben und den zerkrümelten Tofu darin 2 Minuten kräftig anbraten. Ingwer, Knoblauch und weiße Frühlingszwiebelröllchen dazugeben und kurz mitbraten. Mit **Sojasauce** ablöschen, **Sriracha-Sauce** einrühren und die Pfanne vom Herd nehmen. ❹ Die **Nudeln** nach Packungsangaben bissfest kochen, in ein Sieb abgießen, dabei etwas Kochwasser auffangen, und tropfnass zum Tofu in die Pfanne geben. Grüne Frühlingszwiebelröllchen hinzufügen und alles gut vermischen. Eventuell 2–3 EL Kochwasser dazugeben, falls die Nudeln zu trocken sind. ❺ Das Pfannengericht auf zwei Teller verteilen und mit **Chiliflocken** und **Sesam** bestreuen.

RÖSTKARTOFFELN MIT GRÜNER SAUCE

Im Frühling wird die berühmte Frankfurter Grüne-Sauce-Kräutermischung auf dem Wochenmarkt häufig als großes Kräuterbündel angeboten. Sie besteht traditionell aus sieben Kräutern: Petersilie, Pimpinelle, Kerbel, Gartenkresse, Schnittlauch, Borretsch und Sauerampfer. Ansonsten kannst du die Sauce auch mit etwa 100 g möglichst unterschiedlichen Kräutern und Wildkräutern zubereiten.

Zubereitungszeit 30 Minuten

Für 2 Personen

FÜR DIE SAUCE
1 großes Bund Kräutermischung für (Frankfurter) grüne Sauce (ca. 100 g)
150 g Seidentofu
2 TL Dijonsenf
50 g vegane Mayonnaise oder Seidentofu-Mayonnaise (siehe Seiten 36 und 37; oder Fertigprodukt)
2–3 TL Zitronensaft
Salz
schwarzer Pfeffer aus der Mühle

FÜR DIE RÖSTKARTOFFELN
750 g vorwiegend festkochende oder festkochende Kartoffeln
ca. 3 EL Pflanzenöl
2 Frühlingszwiebeln
2 EL Sonnenblumenkerne
Salz
schwarzer Pfeffer aus der Mühle
2 Prisen geräuchertes Paprikapulver (Pimentón de la Vera)

Nährwerte pro Person: 646 kcal
F 38 g, KH 61 g, B 9 g, EW 15 g

1 Für die Sauce die **Kräuter** waschen, trocken schütteln, dicke Stängel entfernen, dünne Stängel und Blätter in einen Mixbecher geben. **Seidentofu** und **Senf** hinzufügen und mit dem Stabmixer fein pürieren. Die **Mayonnaise** unterrühren, mit **Zitronensaft, Salz** und **Pfeffer** kräftig abschmecken und die Sauce einige Minuten durchziehen lassen. **2** Für die Röstkartoffeln die **Kartoffeln** schälen und in etwa 4 mm dünne Scheiben hobeln oder schneiden. Das **Pflanzenöl** in einer Pfanne erhitzen, die Kartoffeln darin von beiden Seiten 12–15 Minuten bei mittlerer Hitze langsam anbraten, bis sie goldbraun und knusprig sind. **3** Inzwischen die **Frühlingszwiebeln** putzen, waschen und in fingerbreite Stücke schneiden. Mit den **Sonnenblumenkernen** zu den Kartoffeln geben, mit **Salz, Pfeffer** und **Räucherpaprika** würzen und kurz mitbraten, bis alles gut gebräunt ist. **4** Die grüne Sauce abschmecken und zu den Röstkartoffeln reichen.

Tipp Ein Schälchen aromatische Zwiebel-Pickles (siehe Seite 168) macht sich gut dazu.

glutenfrei, frei von raffiniertem Zucker

RIESENCOUSCOUS MIT GERÖSTETEM BLUMENKOHL UND TAHINSAUCE

Perl- oder Riesencouscous heißen die extragroßen Couscouskügelchen. Falls du die große Couscousversion nicht bekommst, greife zu feinem Couscous oder kleinen, reisförmigen Nudeln (Kritharaki).

Zubereitungszeit 30 Minuten

Für 2 Personen

FÜR COUSCOUS UND BLUMENKOHL
Salz
200 g Riesencouscous (Perlcouscous)
500 g Blumenkohl
1 kleine Zwiebel
1–2 Knoblauchzehen
1 EL ganze Mandelkerne
6 getrocknete Aprikosen
150 g Kichererbsen aus dem Glas (Abtropfgewicht)
2 EL Olivenöl
schwarzer Pfeffer aus der Mühle
2–3 TL Ras el-Hanout (orientalische Gewürzmischung)
1–2 EL Zitronensaft
3 EL Petersilienblätter

FÜR DIE TAHINSAUCE
1 kleine Knoblauchzehe
75 g Tahin (Sesammus)
1 TL Harissapaste
1 TL Ahornsirup
1 ½ EL Zitronensaft
Salz
schwarzer Pfeffer aus der Mühle

Nährwerte pro Person: 933 kcal
F 38 g, KH 102 g, B 17 g, EW 33 g

1 Für den Couscous reichlich **Salzwasser** in einem Topf zum Kochen bringen und den **Couscous** darin nach Packungsangaben bissfest kochen. In ein Sieb abgießen und abtropfen lassen. **2** Inzwischen für die Tahinsauce die **Knoblauchzehe** schälen und in einen Mixbecher geben. **Tahin, Harissa, Ahornsirup, Zitronensaft** und 5–6 EL warmes Wasser hinzufügen und mit dem Stabmixer zu einer eher flüssigen Sauce pürieren. Mit **Salz** und **Pfeffer** abschmecken. **3** Den **Blumenkohl** putzen, in kleine Röschen teilen, waschen und abtropfen lassen. **Zwiebel** und **Knoblauchzehe(n)** schälen und fein würfeln. Die **Mandeln** grob hacken, die **Aprikosen** klein würfeln. **Kichererbsen** in ein Sieb abgießen, kalt abbrausen und abtropfen lassen. **4** Das **Olivenöl** in einer Pfanne erhitzen und den Blumenkohl darin bei mittlerer Hitze etwa 7 Minuten rundum anbraten, bis die Röschen leicht gebräunt sind. Zwiebeln, Knoblauch und Mandeln dazugeben und kurz mitbraten. Aprikosen, Kichererbsen und Perlcouscous hinzufügen und unter Rühren erhitzen. Mit **Salz, Pfeffer, Ras el-Hanout** und **Zitronensaft** würzen. Die **Petersilienblätter** klein zerzupfen und untermischen. **5** Die Couscouspfanne auf zwei Teller verteilen und mit der Tahinsauce beträufeln.

Tipp Wenn du es nussig magst, streue noch etwas Dukkah (siehe Seite 66) über das Gericht.

WÜRZIGE KICHERERBSEN-BULETTEN

Die herzhaften Buletten schmecken mir zu einem „grünen" Kartoffelsalat mit vielen Kräutern und Rucola aus dem Garten am besten.

Zubereitungszeit 20 Minuten plus einige Minuten Ruhezeit

Für 2 Personen

250 g Kichererbsen aus dem Glas (Abtropfgewicht)
75 g Walnusskerne
1 kleine Zwiebel
1 Knoblauchzehe
3–4 Stängel Petersilie
1 EL dunkles Miso (z. B. Hatcho Miso)
1 EL Paprikamark (oder Tomatenmark)
3–4 EL feine Haferflocken (alternativ Dinkelflocken)
1 TL getrockneter Majoran
Salz
schwarzer Pfeffer aus der Mühle
1–2 EL Pflanzenöl

Nährwerte pro Person: 497 kcal
F 31 g, KH 33 g, B 14 g, EW 17 g

❶ Die **Kichererbsen** in ein Sieb abgießen, kalt abbrausen und abtropfen lassen. **Walnüsse** und 2 EL Kichererbsen mittelfein hacken und beiseitestellen. ❷ **Zwiebel** und **Knoblauchzehe** schälen und grob hacken. Die **Petersilie** abbrausen, trocken schütteln, Blätter und dünne Stängel grob hacken und mit Zwiebeln und Knoblauch in den Standmixer geben. Übrige Kichererbsen, **Miso** und **Paprikamark** hinzufügen und mixen. (Alternativ den Stabmixer verwenden.) ❸ Die Kichererbsenmasse in eine Schüssel geben, Walnuss-Kichererbsen-Mischung und **Haferflocken** unterrühren, mit **Majoran, Salz** und **Pfeffer** herzhaft würzen und einige Minuten ruhen lassen. ❹ Das **Pflanzenöl** in einer Pfanne erhitzen. Aus der Kichererbsenmasse vier bis sechs Bratlinge formen und bei niedriger bis mittlerer Hitze von beiden Seiten insgesamt etwa 5 Minuten knusprig und goldbraun braten – Achtung, sie bräunen schnell.

Tipp Zu den Buletten passt natürlich selbst gemachte Mayonnaise, Aioli oder Remoulade sehr gut (siehe Seiten 36 und 37), aber auch Oliven- oder Kürbispesto (siehe Seiten 140 und 141).

glutenfrei, frei von raffiniertem Zucker

VEGANE MAYONNAISE UND CO.

VEGANE SEIDENTOFU-MAYONNAISE

glutenfrei, frei von raffiniertem Zucker

Für 4–6 Personen 200 g Seidentofu, ½ TL Dijonsenf, 1 EL hellen Essig (z. B. Apfel- oder Weißweinessig) oder Zitronensaft in einen schmalen Mixbecher geben und mit dem Stabmixer cremig mixen. 3 EL mildes Pflanzenöl (z. B. Sonnenblumenöl) langsam unter Rühren dazugießen, bis eine cremige Mayonnaise entsteht. Mit Salz und schwarzem Pfeffer aus der Mühle abschmecken. Diese Mayonnaise kann optional in mehreren Rezepten verwendet werden (siehe Seiten 30, 71 und 163).

Nährwerte pro Person: 64 kcal (F 6 g, KH 1 g, B 0 g, EW 2 g)

VEGANE REMOULADE

glutenfrei

Für 4 Personen 50 ml ungesüßte Sojamilch, 1 TL Dijonsenf, 1 EL hellen Essig (z. B. Apfel- oder Weißweinessig) oder Zitronensaft und 100 ml mildes Pflanzenöl (z. B. Sonnenblumenöl) in einen schmalen Mixbecher geben. Den Pürierstab hineinstellen, kurz mixen, dann langsam hochziehen und etwa 10 Sekunden weitermixen, bis eine dicke Mayonnaise entsteht. 3 Cornichons und 1 TL in Lake eingelegte Kapern abtropfen lassen und fein hacken. Je 2 Stängel Petersilie und Dill waschen, trocken schütteln, fein hacken, mit Cornichons und Kapern unter die Mayonnaise rühren. Mit etwas Gurkensud, Salz, schwarzem Pfeffer aus der Mühle und 1 Prise Zucker oder ½ TL Agavensirup abschmecken. Passt super zu Buletten (siehe Seiten 23 und 34) und Fächerkartoffeln (siehe Seite 163).

Nährwerte pro Person: 231 kcal (F 25 g, KH 1 g, B 0 g, EW 1 g)

VEGANE AIOLI (KNOBLAUCHMAYONNAISE)
glutenfrei, frei von raffiniertem Zucker

Für 4 Personen 50 ml ungesüßte Sojamilch, 1 TL Dijonsenf, 1 EL Zitronensaft und 1 kräftige Prise Salz in einen schmalen Mixbecher geben. 2–3 Knoblauchzehen schälen, grob hacken und dazugeben. 100 ml Olivenöl angießen. Den Stabmixer hineinstellen, kurz mixen, dann langsam hochziehen und etwa 10 Sekunden weitermixen, bis eine dicke Mayonnaise entsteht. Nach Belieben 2–3 EL Wasser unterrühren, bis die Mayonnaise cremig ist. 1 TL abgeriebene Biozitronenschale unterrühren und mit Salz und Pfeffer abschmecken. Passt zum Beispiel prima zu Riesen-Gemüserösti (siehe Seite 40) und Fächerkartoffeln (siehe Seite 163).

Nährwerte pro Person: 234 kcal (F 26 g, KH 1 g, B 0 g, EW 1 g)

VEGANE MAYONNAISE
glutenfrei, frei von raffiniertem Zucker

Für 4 Personen 50 ml ungesüßte Sojamilch, 1 TL Dijonsenf, 1 EL hellen Essig (z. B. Apfel- oder Weißweinessig) oder Zitronensaft und 100 ml mildes Pflanzenöl (z. B. Sonnenblumenöl) in einen schmalen Mixbecher geben. Den Stabmixer hineinstellen, kurz mixen, dann langsam hochziehen und etwa 10 Sekunden weitermixen, bis eine dicke Mayonnaise entsteht. Mit etwas Salz abschmecken. Diese Mayonnaise wird in mehreren Rezepten verwendet (siehe Seiten 30, 71 und 163).

Nährwerte pro Person: 229 kcal (F 25 g, KH 0 g, B 0 g, EW 1 g)

GEMÜSE-BIRYANI MIT MINZ-RAITA

Kein Wunder, dass das indische Reisgericht sich weltweit so großer Beliebtheit erfreut – der köstliche Reis mit den aromatischen Gewürzen schmeckt einfach zu gut!

Zubereitungszeit 30 Minuten

Für 2 Personen

FÜR DAS BIRYANI
1 Zwiebel
1 Knoblauchzehe
15 g Ingwer
1 große Karotte
½ Brokkoli (ca. 250 g)
1 EL Kokosöl
3 grüne Kardamomkapseln
½ TL Kreuzkümmelsamen
1 Lorbeerblatt
½ Zimtstange
1 Sternanis
150 g Basmatireis
ca. 300 ml Gemüsebrühe (siehe Seite 60; oder Fertigprodukt)
1 EL Rosinen
½ TL Cayennepfeffer
ca. 2 TL Garam Masala (indische Gewürzmischung)
Salz
100 g TK-Erbsen
1 EL Limettensaft

FÜR DIE RAITA
½ Minigurke
4 Stängel Minze
200 g Kokosjoghurt
½ TL gemahlener Kreuzkümmel
½ TL abgeriebene Biolimettenschale
Salz
schwarzer Pfeffer aus der Mühle

Nährwerte pro Person: 698 kcal
F 18 g, KH 103 g, B 14 g, EW 19 g

1 Für das Biryani die **Zwiebel** schälen, halbieren und in Streifen schneiden. **Knoblauchzehe** und **Ingwer** schälen und fein hacken. Die **Karotte** gut schrubben und in dünne Scheiben schneiden. Den **Brokkoli** in kleine Röschen teilen, waschen und abtropfen lassen. **2** Das **Kokosöl** in einem Topf erhitzen. Die **Kardamomkapseln** anquetschen, zusammen mit **Kreuzkümmel, Lorbeerblatt, Zimt** und **Sternanis** in das heiße **Öl** geben und kurz anbraten. Die Zwiebelstreifen dazugeben und bei niedriger bis mittlerer Hitze etwa 8 Minuten andünsten, bis sie leicht gebräunt sind. Knoblauch und Ingwer hinzufügen und kurz mitdünsten. Den **Reis** einrühren und kurz mitbraten. **3** Karotte, **Gemüsebrühe, Rosinen, Cayennepfeffer, Garam Masala** und etwas **Salz** hinzufügen, aufkochen und bei mittlerer Hitze offen 5 Minuten kochen lassen. Brokkoli und **Erbsen** unterrühren, mit **Limettensaft** würzen, Deckel auflegen und bei niedriger Hitze etwa 5–8 Minuten köcheln lassen, bis die Flüssigkeit verdampft ist und Reis und Gemüse gar sind. **4** Währenddessen für die Raita die **Gurke** waschen und in kleine Würfel schneiden. Die **Minze** waschen, trocken schütteln, die Blätter fein hacken und mit der Gurke in eine Schüssel geben. **Kokosjoghurt, Kreuzkümmel, Limettenschale,** etwas **Salz** und **Pfeffer** dazugeben und verrühren. **5** Das Biryani mit **Limettensaft** abschmecken, in zwei Schalen geben und mit der Raita toppen.

Tipp Statt einfacher Gemüsebrühe passt hier auch die asiatisch duftende Gemüsebrühe (siehe Seite 60) ganz besonders gut.

glutenfrei, frei von raffiniertem Zucker, sojafrei

RIESEN-GEMÜSERÖSTI MIT ERBSEN-AVOCADO-MUS

Hier gibt's Rösti satt und das in ganz groß! Das cremige grüne Mus aus Erbsen und Avocado macht sich super auf der knusprigen Rösti, es schmeckt aber auch sehr gut auf einer dicken Scheibe Bauernbrot.

Zubereitungszeit 25 Minuten

Für 2 Personen

FÜR DAS ERBSEN-AVOCADO-MUS
1 reife Avocado
150 g TK-Erbsen, angetaut
1 EL Olivenöl
2 EL Zitronensaft
Salz
schwarzer Pfeffer aus der Mühle

FÜR DIE RÖSTI
1 kleine Zucchini (150 g)
1 große Karotte
350 g vorwiegend festkochende Kartoffeln
1 Zwiebel
2 EL Weizenmehl (Type 405)
Salz
schwarzer Pfeffer aus der Mühle
2 Prisen frisch geriebene Muskatnuss
ca. 4 EL Pflanzenöl

ZUM GARNIEREN
1 EL Basilikumblätter

Nährwerte pro Person: 585 kcal
F 37 g, KH 47 g, B 18 g, EW 9 g

1 Für das Erbsen-Avocado-Mus die **Avocado** halbieren, entkernen, Fruchtfleisch auslösen und in einen Mixbecher geben. **Erbsen, Olivenöl** und **Zitronensaft** zufügen und mit dem Stabmixer nicht zu fein pürieren. Mit **Salz** und **Pfeffer** abschmecken und beiseitestellen. **2** Für die Rösti die **Zucchini** waschen, die **Karotte** gut schrubben, **Kartoffeln** schälen, alles grob raspeln und in einen Durchschlag geben. Die Raspel mit den Händen so gut wie möglich ausdrücken und in eine Schüssel füllen. Die **Zwiebel** schälen, in feine Streifen schneiden und hinzufügen. Das **Mehl** untermischen und mit **Salz, Pfeffer** und **Muskatnuss** kräftig würzen. **3** Je 2 EL **Pflanzenöl** in zwei beschichteten Pfannen erhitzen. Die Röstimasse auf die beiden Pfannen verteilen, gut andrücken und zwei große Rösti (Ø etwa 18 cm) backen, dabei erst auf einer Seite etwa 4 Minuten goldbraun braten, dann ganz vorsichtig wenden und von der anderen Seite 3–4 Minuten goldbraun und knusprig braten. Herausnehmen und auf Küchenpapier abtropfen lassen. **4** Die Rösti auf zwei Teller geben, Erbsen-Avocado-Mus darauf anrichten und mit **Basilikum** bestreuen.

Tipp Serviere dazu einen Klecks Aioli (siehe Seite 37) oder aromatische Zwiebel-Pickles (siehe Seite 168).

frei von raffiniertem Zucker, sojafrei

HIRSEPFANNE MIT AUBERGINE UND WEISSEN BOHNEN

Getreide- und Gemüsepfannen sind neben Pasta der Renner in der schnellen Jeden-Tag-Küche. Dass sie richtig gut schmecken können, wirst du mir nach dem Genuss dieser mit Koriander und Harissapaste gewürzten, leicht scharfen Hirsepfanne sicherlich bestätigen.

Zubereitungszeit 25–30 Minuten

Für 2 Personen

150 g Hirse
Salz
1 Aubergine (ca. 300 g)
2 Tomaten
1 Knoblauchzehe
250 g weiße Bohnen aus der Dose (Abtropfgewicht)
2 EL Olivenöl
1 TL Harissapaste
1 TL Baharat (arabische Gewürzmischung)
schwarzer Pfeffer aus der Mühle
½ Bund Koriander
2 EL geröstete und gesalzene Pistazienkerne

Nährwerte pro Person: 603 kcal
F 20 g, KH 75 g, B 14 g, EW 22 g

❶ Die **Hirse** in ein feines Sieb geben, gründlich abbrausen und abtropfen lassen. 300 ml leicht **gesalzenes** Wasser aufkochen, die Hirse dazugeben und 5 Minuten köcheln lassen. Dann auf der ausgeschalteten Herdplatte 5–10 Minuten abgedeckt ausquellen lassen. ❷ Inzwischen die **Aubergine** waschen und in gut 1 cm kleine Würfel schneiden. **Tomaten** waschen und in dünne Spalten schneiden, dabei die Stielansätze entfernen. Die **Knoblauchzehe** schälen und fein würfeln. Die **Bohnen** in ein Sieb geben, abbrausen und abtropfen lassen. ❸ Das **Olivenöl** in einer großen Pfanne erhitzen und die Auberginenwürfel darin bei mittlerer Hitze rundum kräftig anbraten. Tomaten und Knoblauch zugeben und kurz mitbraten. Hirse, Bohnen, **Harissa** und **Baharat** hinzufügen und alles unter Rühren erhitzen. Mit **Salz** und **Pfeffer** würzen. ❹ Den **Koriander** abbrausen und trocken schütteln, Blätter und dünne Stängel fein hacken. Die **Pistazien** grob hacken und mit dem Koriander über die Hirsepfanne streuen.

glutenfrei, frei von raffiniertem Zucker, sojafrei

GROSSE SUPPENLIEBE

CREMIGES KARTOFFEL-KICHERERBSEN-CURRY MIT KOKOS

Gemüsecurrys sind wie gemacht für die schnelle Wohlfühlküche: Schnibbeln, andünsten, köcheln, genießen! Ich koche meist gleich die doppelte Menge von diesem wohltuenden Curry, denn auch aufgewärmt ist es wunderbar aromatisch.

Zubereitungszeit 20 Minuten

Für 2 Personen

300 g mehligkochende Kartoffeln
250 g Kichererbsen aus dem Glas (Abtropfgewicht)
1 kleine Zwiebel
1 Knoblauchzehe
15 g Ingwer
1 EL Kokosöl (oder Pflanzenöl)
2–3 TL vegane gelbe oder rote Currypaste
1 EL Tomatenmark
ca. 500 ml Gemüsebrühe (siehe Seite 60; oder Fertigprodukt)
200 ml Kokosmilch aus der Dose
2 EL Basilikumblätter
Salz
schwarzer Pfeffer aus der Mühle
2–3 Spritzer Limettensaft
2 EL Kokosjoghurt

Nährwerte pro Person: 620 kcal
F 31 g, KH 60 g, B 13 g, EW 17 g

❶ Für das Curry die **Kartoffeln** schälen und in etwa 2 cm große Würfel schneiden. Die **Kichererbsen** in ein Sieb geben, abbrausen und abtropfen lassen. ❷ **Zwiebel, Knoblauchzehe** und **Ingwer** schälen und fein würfeln. Das **Kokosöl** in einem Topf erhitzen und die Zwiebeln darin kurz andünsten. Knoblauch und Ingwer zugeben und mitdünsten. ❸ **Currypaste** und **Tomatenmark** unterrühren, Kartoffeln, Kichererbsen, **Gemüsebrühe** und **Kokosmilch** dazugeben und aufkochen. Bei niedriger bis mittlerer Hitze 10–15 Minuten köcheln lassen, bis die Kartoffeln weich sind. ❹ Die **Basilikumblätter** grob hacken. Das Curry mit **Salz, Pfeffer** und **Limettensaft** abschmecken. Auf zwei Schalen verteilen, den **Joghurt** daraufgeben und mit Basilikum bestreuen.

Tipp Probiere mal die karamellisierten Erdnuss-Kokos-Streusel (siehe Seite 67) als Topping und als süßlich-aromatische Komponente Mangochutney (siehe Seite 169).

glutenfrei, frei von raffiniertem Zucker, sojafrei

MEDITERRANE TOMATENSUPPE MIT NUDEL-OLIVEN-TOPPING

Kennst du Paprikamark? Ich kaufe das aus der Türkei stammende Biber Salçasi im türkischen Laden, dort gibt es das dunkelrote Paprikapüree in Gläsern, als milde oder scharfe Variante. Es besteht aus nichts anderem als roter Paprika und etwas Salz und verleiht Gerichten reichlich Tiefe und Geschmack, ist also für die deftige Küche bestens geeignet. Ein Glas davon steht bei mir immer im Kühlschrank – bei dir vielleicht künftig auch!

Zubereitungszeit 20 Minuten plus 15 Minuten Garzeit

Für 2 Personen

FÜR DIE SUPPE
1 kleine Zwiebel
1 Knoblauchzehe
1 mittelgroße Karotte
1 Stange Staudensellerie
1 EL Olivenöl
3 EL mildes Paprikamark aus dem Glas
ca. 300 ml Gemüsebrühe (siehe Seite 60; oder Fertigprodukt)
1 Dose Schältomaten (800 g)
½ TL geräuchertes Paprikapulver (Pimentón de la Vera)
1 TL getrockneter Oregano
1 Lorbeerblatt
Salz
schwarzer Pfeffer aus der Mühle

FÜR DAS TOPPING
50 g kleine Nudeln (z. B. Kritharaki)
Salz
1–2 EL entsteinte schwarze Oliven
1 TL eingelegte Kapern aus dem Glas
1 EL Oreganoblättchen

AUSSERDEM
Flotte Lotte (Passiermühle; alternativ Stabmixer)

Nährwerte pro Person: 389 kcal
F 12 g, KH 53 g, B 7 g, EW 12 g

1 Für die Suppe **Zwiebel** und **Knoblauchzehe** schälen und fein würfeln. Die **Karotte** gut schrubben und klein würfeln. Die **Selleriestange** waschen und in dünne Scheiben schneiden. 2 Das **Olivenöl** in einem Topf erhitzen, Zwiebeln, Knoblauch, Karotten und Sellerie darin andünsten. **Paprikamark** unterrühren und die **Gemüsebrühe** angießen. **Schältomaten, Paprikapulver, Oregano** und **Lorbeerblatt** hinzufügen und aufkochen. Dann bei niedriger Hitze mit schräg aufgelegtem Deckel 15 Minuten köcheln lassen, dabei ab und zu umrühren. 3 Inzwischen für das Topping die **Nudeln** nach Packungsanweisung in **Salzwasser** gar kochen. Währenddessen **Oliven** und **Kapern** abtropfen lassen und grob hacken. Die **Oreganoblättchen** fein hacken. Die Nudeln in ein Sieb abgießen und mit Oliven, Kapern und Oregano mischen. 4 Das Lorbeerblatt entfernen und die Suppe durch eine Flotte Lotte (Passiermühle) in einen zweiten Topf streichen. Alternativ mit dem Stabmixer fein pürieren. 5 Die Tomatensuppe mit **Salz** und **Pfeffer** abschmecken, in zwei Schalen füllen, das Nudel-Oliven-Topping daraufgeben und genießen.

MAISCREMESUPPE MIT FRÜHLINGSZWIEBEL UND TOFU-CASHEW-TOPPING

Die goldgelbe Suppe ist schnell gemacht und kommt überwiegend mit Zutaten daher, die du wahrscheinlich sowieso im Vorrat hast, sodass du die cremige, würzige Suppe bestimmt nicht nur einmal zubereiten wirst.

Zubereitungszeit 20 Minuten

Für 2 Personen

FÜR DIE SUPPE
2 Frühlingszwiebeln
1 Knoblauchzehe
1 Dose Mais (Abtropfgewicht 285 g)
1 EL Pflanzenöl
2 TL scharfes Currypulver
1 TL gemahlene Kurkuma
300 ml Gemüsebrühe (siehe Seite 60; oder Fertigprodukt)
200 ml Kokosmilch aus der Dose
Salz
schwarzer Pfeffer aus der Mühle
3–4 TL Limettensaft

FÜR DAS TOPPING
100 g Tofu (z. B. Kurkuma-Tofu)
2 EL Cashewkerne
1 EL Pflanzenöl
1 EL ungeschälte Sesamsaat

Nährwerte pro Person: 649 kcal
F 45 g, KH 45 g, B 10 g, EW 19 g

❶ Für die Suppe die **Frühlingszwiebeln** putzen, waschen, weiße und grüne Teile getrennt in dünne Röllchen schneiden, die grünen für das Topping beiseitestellen. Die **Knoblauchzehe** schälen und fein hacken. Den **Mais** in ein Sieb geben und abtropfen lassen. 1 EL Maiskörner für das Topping beiseitestellen. ❷ Das **Pflanzenöl** in einem Topf erhitzen, weiße Frühlingszwiebelröllchen und Knoblauch darin ganz kurz andünsten. Mit **Currypulver** und **Kurkuma** bestäuben, kurz unterrühren, dann Mais, **Gemüsebrühe** und **Kokosmilch** dazugeben. Aufkochen und bei niedriger Hitze 5 Minuten köcheln lassen. Die Suppe mit dem Stabmixer fein pürieren und mit **Salz, Pfeffer** und **Limettensaft** abschmecken. ❸ Inzwischen für das Topping den **Tofu** trocken tupfen und in kleine Würfel schneiden. Die **Cashews** grob hacken. Das **Pflanzenöl** in einer Pfanne erhitzen, Tofu und Cashews hineingeben und rundum goldbraun anbraten. Grüne Frühlingszwiebelröllchen, beiseitegestellte Maiskörner und **Sesam** dazugeben und ganz kurz anbraten. ❹ Die Suppe in zwei Schalen füllen und das Tofu-Cashew-Topping daraufgeben.

glutenfrei, frei von raffiniertem Zucker

SÜSSKARTOFFELSUPPE MIT SCHARFEM CASHEW-SPRINKLE

Diese Suppe ist vor allem in der kühlen Jahreszeit ein Dauerbrenner in meiner Küche. Sie ist fruchtig, dezent scharf und durch die Kokosmilch wunderbar cremig.

Zubereitungszeit 20 Minuten

Für 2 Personen

FÜR DIE SUPPE
1 kleine Zwiebel
1 Knoblauchzehe
15 g Ingwer
1 Süßkartoffel (500 g)
1 EL Pflanzenöl
1–2 TL vegane rote Thai-Currypaste
500–600 ml Gemüsebrühe (siehe Seite 60; oder Fertigprodukt)
200 ml Orangensaft
200 ml Kokosmilch aus der Dose
Salz
1 EL Limettensaft

FÜR DAS CASHEW-SPRINKLE
1 gehäufter EL Kokosflocken
2 EL geröstete und gesalzene Cashewkerne
1 EL geschälte Sesamsaat
½ TL Chiliflocken

ZUM GARNIEREN
2 EL Korianderblätter

Nährwerte pro Person: 782 kcal
F 43 g, KH 83 g, B 12 g, EW 13 g

1 Für die Suppe **Zwiebel, Knoblauchzehe** und **Ingwer** schälen und fein hacken. Die **Süßkartoffel** schälen und grob würfeln. Das **Pflanzenöl** in einem Topf erhitzen, Zwiebeln, Knoblauch und Ingwer darin kurz andünsten. Die **Currypaste** unterrühren und die Süßkartoffelwürfel hinzugeben. **Gemüsebrühe, Orangensaft** und **Kokosmilch** angießen, leicht **salzen,** aufkochen und bei mittlerer Hitze 10 Minuten kochen, bis die Süßkartoffeln richtig weich sind. **2** Inzwischen für das Cashew-Sprinkle die **Kokosflocken** in einer Pfanne ohne Fett bei niedriger Hitze rösten, bis sie leicht gebräunt sind. Vom Herd nehmen und abkühlen lassen. **Cashewkerne** fein hacken. Kokosflocken und Cashews mit **Sesam** und **Chiliflocken** mischen. **3** Den **Koriander** fein hacken. Die Suppe mit dem Stabmixer fein pürieren und mit **Salz** und **Limettensaft** abschmecken. In zwei Schalen füllen und mit Cashew-Sprinkle und Koriander bestreuen.

Tipp Statt der Gemüsebrühe passt als Basis auch die asiatisch duftende Gemüsebrühe (siehe Seite 60) super. Die angebrochene Dose Kokosmilch kannst du (umgefüllt) im Kühlschrank 2–3 Tage aufbewahren oder du frierst den Rest ein.

glutenfrei, frei von raffiniertem Zucker, sojafrei

STECKRÜBENEINTOPF MIT GRÜNKOHL

Steckrüben und Grünkohl sind für mich der Inbegriff von herzhaftem Gemüse. Hier köcheln beide zusammen im Suppentopf und kriegen würzige Begleitung durch Lauch, Zwiebel und geräuchertes Paprikapulver.

Zubereitungszeit 15 Minuten plus ca. 15 Minuten Garzeit

Für 2 Personen

1 kleine Zwiebel
1 Knoblauchzehe
1 dünne Stange Lauch
300 g Steckrübe
1 große Karotte
300 g mehligkochende Kartoffeln
ca. 100 g Grünkohl
1 EL Pflanzenöl
ca. 1 l Gemüsebrühe (siehe Seite 60; oder Fertigprodukt)
1 Lorbeerblatt
1–2 Prisen frisch geriebene Muskatnuss
1–2 Prisen geräuchertes Paprikapulver (Pimentón de la Vera)
Salz
schwarzer Pfeffer aus der Mühle
1 EL Petersilienblätter

Nährwerte pro Person: 455 kcal
F 12 g, KH 64 g, B 10 g, EW 13 g

1 Die **Zwiebel** schälen und in dünne Spalten schneiden. Die **Knoblauchzehe** schälen und fein hacken. Den **Lauch** putzen, waschen und in dünne Ringe schneiden. Die **Steckrübe** schälen und etwa 1 cm klein würfeln. Die **Karotte** schrubben und in dünne Scheiben schneiden. **Kartoffeln** schälen und etwa 1 cm klein würfeln. **Grünkohlblätter** von den dicken Stängeln zupfen, gut waschen, trocken schleudern und klein zerzupfen. **2** Das **Pflanzenöl** in einem Topf erhitzen und die Zwiebeln darin andünsten. Knoblauch, Lauch, Steckrüben und Karotten hinzufügen und kurz mitrösten. Kartoffeln und Grünkohl dazugeben und die **Gemüsebrühe** angießen. **Lorbeerblatt, Muskatnuss, Räucherpaprika,** etwas **Salz** und **Pfeffer** dazugeben, aufkochen und bei niedriger Hitze etwa 15 Minuten köcheln lassen, bis das Gemüse weich ist. Wer den Eintopf sämig mag, der püriert mit dem Stabmixer das Gemüse im Topf kurz an (dabei vorher das Lorbeerblatt entfernen). **3** Die **Petersilie** fein hacken, unterrühren, den Eintopf abschmecken und in zwei tiefe Teller füllen.

Tipp Für diesen Eintopf macht sich statt der Gemüsebrühe auch die Pilzbrühe (siehe Seite 60) ganz besonders gut.

glutenfrei, frei von raffiniertem Zucker, sojafrei

MINESTRONE MIT BORLOTTIBOHNEN

Wenn ich eine Minestrone koche, dann immer einen großen Topf voll, denn aufgewärmt schmeckt sie fast noch besser. Du kannst das Rezept einfach verdoppeln, so kochst du nur einmal, erfreust dich aber gleich zweimal an der würzigen italienischen Suppe.

Zubereitungszeit 15 Minuten plus 12–17 Minuten Garzeit

Für 2 Personen

1 kleine Zwiebel
2 Knoblauchzehen
200 g Palmkohl oder Wirsing
150 g Karotten
1 Stange Staudensellerie
4 getrocknete Tomaten (in Öl eingelegt)
1 TL Fenchelsamen
4 Zweige Thymian
2 EL Olivenöl
2 EL Tomatenmark
1 Lorbeerblatt
ca. 1 l Gemüsebrühe (siehe Seite 60; oder Fertigprodukt)
Salz
schwarzer Pfeffer aus der Mühle
250 g Borlottibohnen aus der Dose (Abtropfgewicht)
100 g kleine Nudeln (z. B. Fregola)
2 EL Basilikumpesto oder mediterranes grünes Olivenpesto (siehe rechts bzw. Seite 140; oder Fertigprodukt)

frei von raffiniertem Zucker, sojafrei
Nährwerte pro Person: 727 kcal
F 28 g, KH 87 g, B 5 g, EW 27 g

Tipp Für diese Suppe passt statt der Gemüsebrühe auch die Pilzbrühe (siehe Seite 60) ganz besonders gut. Probiere als Topping statt Pesto mal die zitronige Oliven-Gremolata (siehe Seite 67).

1 **Zwiebel** und **Knoblauchzehen** schälen und fein würfeln. Den **Kohl** putzen, waschen und in etwa 3 cm kleine Stücke schneiden. **Karotten** schälen und in dünne Scheiben schneiden. Die **Selleriestange** waschen und in dünne Scheiben schneiden. **Getrocknete Tomaten** fein hacken. Die **Fenchelsamen** im Mörser grob zerstoßen. Den **Thymian** abbrausen. **2** Das **Olivenöl** in einem Topf erhitzen. Zwiebeln, Knoblauch, Kohl, Karotten, Sellerie und Tomaten darin kurz andünsten. Fenchelsamen, Thymian, **Tomatenmark** und **Lorbeerblatt** dazugeben. Die **Gemüsebrühe** angießen, **salzen, pfeffern,** aufkochen und bei niedriger Hitze 5 Minuten kochen lassen. **3** Die **Bohnen** in ein Sieb geben und abbrausen, dann mit den **Nudeln** zur Suppe geben und weitere 7–12 Minuten (je nach Garzeit der Nudeln) kochen, bis Nudeln und Gemüse gar sind, dabei zwischendurch probieren. Ist die Suppe zu dick, noch etwas **Brühe** oder Wasser unterrühren. **4** Die Suppe abschmecken, in zwei Schalen füllen und mit dem **Pesto** toppen.

BASILIKUMPESTO

glutenfrei, frei von raffiniertem Zucker, sojafrei

Für 4 Personen 2 Knoblauchzehen schälen. 1 Bund Basilikum abbrausen, trocken schütteln und mit den Stielen grob hacken. Knoblauch, Basilikum und 4 EL Pinienkerne im Blitzhacker zu einer groben Paste mixen. 120 ml Olivenöl und 1–2 EL Zitronensaft nach und nach hineinmixen und mit Salz und Pfeffer aus der Mühle würzen. In ein Schraubglas füllen, mit etwas Olivenöl bedecken und verschließen. Das Pesto ist im Kühlschrank etwa 1 Woche haltbar.
Nährwerte pro Person: 321 kcal (F 35 g, KH 2 g, B 1 g, EW 1 g)

ROTE-LINSEN-KOKOS-SUPPE MIT MANGO UND JOGHURT

Rote Linsen und schnelle Alltagsküche, das passt ganz wunderbar zusammen, sind die kleinen Linsen doch in null Komma nichts gar. Hier köcheln sie mit Kurkuma, Kreuzkümmel und Kardamom zu einer würzigen, sämigen Suppe. Kurz in der Pfanne angebratene Naan-Brote passen bestens dazu.

Zubereitungszeit 25 Minuten

Für 2 Personen

FÜR DIE SUPPE
1 kleine Zwiebel
1 Knoblauchzehe
15 g Ingwer
200 g Karotten
1 EL Pflanzenöl
1 TL gemahlene Kurkuma
1 TL gemahlener Kreuzkümmel
½ TL Kardamomsamen
150 g rote Linsen
200 ml Kokosmilch aus der Dose
Salz
1 TL abgeriebene Biozitronenschale
2 EL Zitronensaft
schwarzer Pfeffer aus der Mühle

FÜR DAS TOPPING
½ reife Mango
1 EL Zitronensaft
1 EL Agavensirup
½ TL Chiliflocken
2 EL Kokosjoghurt
2 EL Korianderblätter

Nährwerte pro Person: 663 kcal
F 28 g, KH 75 g, B 19 g, EW 26 g

1 Für die Suppe **Zwiebel, Knoblauchzehe** und **Ingwer** schälen und fein würfeln. Die **Karotten** schälen und in kleine Würfel schneiden. Das **Pflanzenöl** in einem Topf erhitzen, Zwiebeln, Knoblauch und Ingwer darin kurz andünsten. **Kurkuma, Kreuzkümmel** und **Kardamom** dazugeben und mitdünsten. Karotten, **Linsen, Kokosmilch** und 500 ml Wasser dazugeben, leicht **salzen,** aufkochen und 12–15 Minuten kochen lassen, bis die Linsen weich sind, aber noch nicht zerfallen. **2** Inzwischen für das Topping die **Mango** schälen, den Stein entfernen und das Fruchtfleisch in kleine Würfel schneiden. Mango, **Zitronensaft, Agavensirup** und **Chiliflocken** vermischen. **3** Die Suppe mit dem Stabmixer nur kurz pürieren, sie soll noch leicht stückig sein. Die **Zitronenschale** unterrühren, mit **Zitronensaft** leicht säuerlich abschmecken und mit **Salz** und **Pfeffer** würzen. **4** In zwei Schalen füllen, den **Joghurt** glatt rühren und mit dem Mango-Topping auf die Portionen geben. Die **Korianderblätter** zerzupfen und darüberstreuen.

glutenfrei, frei von raffiniertem Zucker, sojafrei

GEMÜSEBRÜHE

Es geht nichts über eine selbst gekochte Gemüsebrühe! Ich verwende nicht nur frisches, tadelloses Gemüse, auch Gemüsereste, -schalen, -strünke und unschönes, verschrumpeltes Gemüse, das seine beste Zeit schon hinter sich hat, dürfen nach dem Leaf-to-Root-Prinzip in den Topf. Da die Brühe im Kühlschrank etwa 1 Woche haltbar ist, koche ich immer gleich einen großen Topf davon. Einen Teil verwende ich frisch, den Rest friere ich portionsweise ein.

GRUNDREZEPT

KRÄFTIGE GEMÜSEBRÜHE

glutenfrei, frei von raffiniertem Zucker, sojafrei

Für etwa 2 l Gemüsebrühe 2 Zwiebeln ungeschält halbieren. 1–2 Knoblauchzehen schälen und andrücken. Etwa 1 kg frisches Gemüse (z. B. fertig zusammengestelltes Suppengrün oder die entsprechende Menge Karotten, Lauch, Sellerie und Petersilienwurzel, außerdem 1 Fenchel und 2 Tomaten – je nach Saison) und/oder frische oder eingefrorene Gemüsereste waschen und grob zerkleinern. Zwiebeln, Knoblauch, Suppengrün und anderes festes Gemüse (also alles außer Tomaten) in einem großen Topf in 2 EL heißem Pflanzenöl etwa 5 Minuten kräftig anrösten. 2 ½ l Wasser dazugießen und aufkochen. Tomaten, 1 TL schwarze Pfefferkörner, 2 Lorbeerblätter, 1 TL Fenchelsamen und einige Kräuterstängel bzw. -zweige (z. B. Thymian, Petersilie, Oregano oder was zur Hand ist) zur Brühe geben. Bei niedriger Hitze etwa 60 Minuten sanft köcheln lassen, dann durch ein feines Sieb in einen Topf abgießen. Die Gemüsebrühe mit Salz, Pfeffer und Muskatnuss abschmecken. Sie wird in vielen Rezepten hier verwendet.

Tipp Du kannst die Gemüsebrühe auch einkochen, dann hält sie sich ungefähr 1 Jahr. Dafür die heiße Brühe in sterilisierte Gläser füllen und verschließen. Die Gläser in eine Fettpfanne stellen, diese 2–3 cm hoch mit warmem Wasser befüllen und im Backofen bei 180 °C Ober-/Unterhitze (160 °C Umluft) 45 Minuten einkochen. Die Gläser herausnehmen und abkühlen lassen.

Nährwerte pro 100 ml: 37 kcal (F 1 g, KH 5 g, B 0 g, EW 1 g)

VARIANTEN

INTENSIV-WÜRZIGE PILZBRÜHE

glutenfrei, frei von raffiniertem Zucker, sojafrei

Zum Grundrezept 1 kleine Handvoll getrocknete Pilze (z. B. Steinpilze, Pfifferlinge und/oder Shiitake-Pilze), 4 getrocknete Tomaten, je 5 Wacholderbeeren und Pimentkörner geben und mitkochen. Die Pilzbrühe passt besonders gut zu würzigen Gerichten wie Steckrübeneintopf (siehe Seite 54), Minestrone (siehe Seite 56) und Pfifferlingspasta (siehe Seite 79).

Nährwerte pro 100 ml: 44 kcal (F 2 g, KH 5 g, B 0 g, EW 1 g)

ASIATISCH DUFTENDE GEMÜSEBRÜHE

glutenfrei, frei von raffiniertem Zucker

Zum Grundrezept 25 g geschälten, grob gehackten Ingwer, 3 Limettenblätter (TK oder getrocknet) und 1 kleine rote Chili geben und mitkochen. Zum Schluss die Brühe mit 2–3 EL Sojasauce abschmecken. Diese Brühe passt besonders gut zu asiatischen Gerichten wie Süßkartoffelsuppe (siehe Seite 53), Weißkohl-Kartoffel-Curry (siehe Seite 132) und Gemüse-Biryani (siehe Seite 39).

Nährwerte pro 100 ml: 37 kcal (F 1 g, KH 5 g, B 0 g, EW 1 g)

PETERSILIENWURZELSUPPE MIT BALSAMICO-SCHALOTTEN

Die cremige Suppe aus Petersilienwurzeln und Kartoffeln bekommt ein herzhaftes Topping aus kurz karamellisierten Schalotten, die ich mit Balsamico-Essig, Cranberrys und ein wenig Chiliflocken schmore. Die Balsamico-Schalotten kannst du gleich in einer größeren Menge zubereiten, sie halten sich im Kühlschrank mehrere Tage und schmecken auch toll auf einer veganen Frischkäsestulle oder zu Püree und Polenta.

Zubereitungszeit 30 Minuten

Für 2 Personen

FÜR DIE SUPPE
400 g Petersilienwurzeln
100 g mehligkochende Kartoffeln
1 EL Pflanzenöl
50 ml trockener Weißwein (oder 1 EL Zitronensaft und 4 EL Gemüsebrühe)
500–600 ml Gemüsebrühe (siehe Seite 60; oder Fertigprodukt)
100 ml Pflanzensahne
Salz
schwarzer Pfeffer aus der Mühle
1 Prise frisch geriebene Muskatnuss

FÜR DAS TOPPING
125 g Schalotten
1 EL Pflanzenöl
1 EL brauner Zucker
2 EL Balsamico-Essig
2 EL getrocknete Cranberrys
1 TL Thymianblättchen
½ TL Chiliflocken

Nährwerte pro Person: 494 kcal
F 22 g, KH 52 g, B 11 g, EW 11 g

1 Für die Suppe **Petersilienwurzeln** und **Kartoffeln** schälen und in kleine Würfel schneiden. Das **Pflanzenöl** in einem Topf erhitzen und beides kurz darin anschwitzen. Mit **Weißwein** ablöschen, die **Gemüsebrühe** dazugießen, aufkochen und abgedeckt bei niedriger Hitze 15–20 Minuten garen. **2** Inzwischen für das Topping die **Schalotten** schälen und in Ringe schneiden. Das **Pflanzenöl** in einer Pfanne erhitzen, die Schalotten darin langsam bei niedriger bis mittlerer Hitze anbraten, bis sie weich sind. Den **Zucker** darüberstreuen und kurz karamellisieren lassen, mit dem **Balsamico-Essig** ablöschen und die Pfanne vom Herd nehmen. Die **Cranberrys** grob hacken, mit **Thymianblättchen** und **Chiliflocken** unterrühren. **3** Die **Pflanzensahne** zur Suppe gießen und mit dem Stabmixer fein pürieren. Mit **Salz, Pfeffer** und **Muskatnuss** abschmecken. **4** Zum Servieren die Suppe mit dem Stabmixer schaumig aufmixen, in zwei Schalen füllen und mit den Balsamico-Schalotten toppen.

glutenfrei, sojafrei

SAUERKRAUT-KARTOFFEL-SUPPE MIT RÄUCHERTOFU

Sauerkraut serviere ich dir hier in einer herzhaften Suppe und damit alles andere als traditionell. Zur Deftigkeit tragen geräucherter Tofu und Pimentón de la Vera ihren Teil bei. Das geräucherte Paprikapulver bekommst du in einer milden oder scharfen Version.

Zubereitungszeit 20 Minuten plus ca. 10 Minuten Garzeit

Für 2 Personen

1 kleine Zwiebel
1 große Karotte
400 g Kartoffeln
1 EL Pflanzenöl
1 TL Kümmelsamen
1 TL edelsüßes Paprikapulver
½ TL geräuchertes Paprikapulver (Pimentón de la Vera)
1 Lorbeerblatt
1 ½ EL Tomatenmark
ca. 1 l Gemüsebrühe (siehe Seite 60; oder Fertigprodukt)
Salz
schwarzer Pfeffer aus der Mühle
125 g Räuchertofu
300 g Sauerkraut
1 Prise Zucker
1 EL Majoran- oder Petersilienblätter

Nährwerte pro Person: 549 kcal
F 14 g, KH 63 g, B 12 g, EW 25 g

1 Die **Zwiebel** schälen und fein würfeln. Die **Karotte** gut schrubben, die **Kartoffeln** schälen und beides ebenfalls in kleine Würfel schneiden. **2** Das **Pflanzenöl** in einem Topf erhitzen und die Zwiebeln darin andünsten. **Kümmel,** beide **Paprikapulver, Lorbeerblatt** und **Tomatenmark** dazugeben und kurz andünsten. Die **Gemüsebrühe** angießen, Karotten und Kartoffeln dazugeben, leicht **salzen** und **pfeffern,** aufkochen und abgedeckt etwa 10 Minuten köcheln lassen, bis das Gemüse weich ist. **3** Den **Tofu** in kleine Würfel schneiden. Das **Sauerkraut** grob hacken, beides zur Suppe geben und weitere 5 Minuten kochen. Mit **Salz, Pfeffer** und **Zucker** abschmecken, die **Kräuterblätter** fein hacken und unterrühren. Die Suppe in zwei Schalen füllen und genießen.

glutenfrei

WÜRZIGE TOPPINGS

Ein aromatisches Topping sorgt bei vielen Gerichten für den letzten Oh-schmeckt-das-gut-Moment. Ich bereite meist gleich die doppelte Menge zu, so habe ich immer etwas zum Darüberstreuen zur Hand.

NUSSIGES DUKKAH

glutenfrei, frei von raffiniertem Zucker, sojafrei

Für 4 Personen 50 g geschälte Haselnusskerne grob hacken. Mit 3 EL ungeschälter Sesamsaat, 1 EL schwarzer Sesamsaat, je 1 ½ TL Kreuzkümmel- und Koriandersamen in einer Pfanne ohne Fett unter Rühren kurz anrösten. Dann abkühlen lassen und im Blitzhacker grob mahlen. 1 TL edelsüßes Paprikapulver, 1 TL getrockneten Thymian und 1 TL Salzflocken untermischen. In ein Schraubglas füllen und verschließen. Das Dukkah ist im Kühlschrank etwa 14 Tage haltbar. Besonders gut passt es zur Levante-Küche, also zu Couscous-, Hirse- oder Kichererbsengerichten (siehe Seiten 100, 118 und 139).

Nährwerte pro Person: 168 kcal (F 14 g, KH 5 g, B 1 g, EW 5 g)

KRÄUTER-HANF-SPRINKLE

glutenfrei, frei von raffiniertem Zucker, sojafrei

Für 4 Personen 1 Knoblauchzehe schälen und grob hacken. Je etwa 4 Stängel Petersilie und Basilikum grob hacken. Knoblauch, Kräuter, 1 TL abgeriebene Biozitronenschale und 4 EL geschälte Hanfsamen im Blitzhacker fein mixen, dann weitere 2 EL Hanfsamen und ½ TL Salzflocken untermischen. In ein Schraubglas füllen und verschließen. Das Sprinkle ist im Kühlschrank etwa 4 Tage haltbar. Es passt besonders gut zu Bohnen- oder Kartoffelsalaten wie Caponata (siehe Seite 100) und Röstkartoffelsalat (siehe Seite 118), aber auch zu Bärlauchrisotto (siehe Seite 139) und Suppen.

Nährwerte pro Person: 108 kcal (F 8 g, KH 3 g, B 2 g, EW 5 g)

ZITRONIGE OLIVEN-GREMOLATA

glutenfrei, frei von raffiniertem Zucker, sojafrei

Für 4 Personen 3 EL Pinienkerne grob hacken, in einer Pfanne ohne Fett kurz goldbraun rösten und abkühlen lassen. 2 EL entsteinte schwarze Oliven fein hacken, 1 EL Rosmarinnadeln fein hacken. Alles mit 1 TL abgeriebener Biozitronenschale, 1 TL Chiliflocken und 2 EL gutem Olivenöl mischen. In ein Schraubglas füllen und verschließen. Die Gremolata hält sich im Kühlschrank etwa 4 Tage. Sie passt besonders gut zu mediterranen Gerichten wie Minestrone (siehe Seite 56) oder Pasta (siehe Seiten 85 und 93).

Nährwerte pro Person: 97 kcal (F 9 g, KH 3 g, B 1 g, EW 1 g)

KARAMELLISIERTE ERDNUSS-KOKOS-STREUSEL

glutenfrei, sojafrei

Für 2–4 Personen 100 g geröstete, gesalzene Erdnusskerne, 2 EL Kokosflocken, 1 TL Chiliflocken und 1 TL scharfes Currypulver im Blitzhacker nicht zu fein mixen. 50 g Zucker in einer kleinen Pfanne schmelzen, ohne zu rühren. Vom Herd nehmen, die Erdnussmischung einrühren und so lange rühren, bis sich kleine Streusel gebildet haben. Auf Backpapier geben und auskühlen lassen, dann zerkrümeln und in ein Schraubglas füllen, so sind die Streusel etwa 14 Tage haltbar. Sie passen besonders gut zu asiatischen Aromen wie zu Kartoffel-Kichererbsen-Curry (siehe Seite 46) oder Fried Rice (siehe Seite 24).

Nährwerte pro Person: 247 kcal (F 16 g, KH 18 g, B 3 g, EW 7 g)

LINSEN-SPINAT-SUPPE MIT SAFRAN UND ZITRONE

Die kleinen grünen Linsen benötigen im Gegensatz zu großen braunen Tellerlinsen eine deutlich kürzere Kochzeit, sodass sie sich gut für die schnelle Küche eignen. Da kannst du nebenher noch frischen Spinat waschen (oder auch einfach auf tiefgekühlten zurückgreifen) und dich auf den Genuss einer wohltuenden, sättigenden Suppe freuen.

Zubereitungszeit ca. 15 Minuten plus 15–20 Minuten Garzeit

Für 2 Personen

1 kleine Prise Safranfäden
1 kleine Zwiebel
1 Knoblauchzehe
250 g mehligkochende Kartoffeln
1 EL Olivenöl
1 EL Tomatenmark
100 g grüne Linsen
700–800 ml Gemüsebrühe (siehe Seite 60; oder Fertigprodukt)
½ TL gemahlener Zimt
Salz
schwarzer Pfeffer aus der Mühle
200 g frischer Spinat (alternativ TK-Spinat)
1–2 Spritzer Zitronensaft
1 TL fein abgeriebene Biozitronenschale
2–3 EL vegane Crème fraîche

Nährwerte pro Person: 492 kcal
F 14 g, KH 66 g, B 7 g, EW 21 g

1 Die **Safranfäden** in 2 EL warmem Wasser einweichen. **Zwiebel** und **Knoblauchzehe** schälen und fein würfeln. Die **Kartoffeln** schälen und in kleine Würfel schneiden. **2** Das **Olivenöl** in einem Topf erhitzen und die Zwiebeln darin glasig dünsten. Den Knoblauch dazugeben und kurz mitdünsten. Das **Tomatenmark** unterrühren, Kartoffeln, **Linsen, Gemüsebrühe, Zimt,** etwas **Salz** und **Pfeffer** sowie Safran samt Einweichwasser dazugeben. Zum Kochen bringen und 15–20 Minuten kochen, bis die Linsen gar sind und anfangen zu zerfallen. **3** In der Zwischenzeit den **Spinat** putzen, waschen, abtropfen lassen und grob hacken. Nach der Garzeit den Spinat zur Suppe geben, noch einmal aufkochen und mit **Salz, Pfeffer, Zitronensaft** und **Zitronenschale** abschmecken. **4** Die heiße Suppe auf zwei Schalen verteilen und die **Crème fraîche** kurz hineinrühren.

glutenfrei, frei von raffiniertem Zucker, sojafrei

SCHARFER BOHNENEINTOPF MIT HARISSA-MAYONNAISE

Wann immer ich Fernweh nach Marokko habe, hole ich mir nordafrikanische Aromen – scharfe Harissapaste, duftendes Ras el-Hanout und Kreuzkümmel – in meine Suppenschale.

Zubereitungszeit 15 Minuten plus ca. 10 Minuten Garzeit

Für 2 Personen

1 kleine Zwiebel
2 Stangen Staudensellerie
1 kleine Zucchini
1 Knoblauchzehe
250 g weiße Bohnen aus der Dose (Abtropfgewicht)
250 g Kichererbsen aus dem Glas (Abtropfgewicht)
2 EL Olivenöl
1 TL gemahlener Kreuzkümmel
1 TL Ras el-Hanout (orientalische Gewürzmischung)
½ TL gemahlene Kurkuma
1 EL Tomatenmark
2 TL Harissapaste
500–600 ml Gemüsebrühe (siehe Seite 60; oder Fertigprodukt)
400 g stückige Tomaten aus der Dose
1 EL Balsamico-Essig
Salz
schwarzer Pfeffer aus der Mühle
2 EL vegane Mayonnaise oder Seidentofu-Mayonnaise (siehe Seiten 36 und 37; oder Fertigprodukt)

Nährwerte pro Person: 651 kcal
F 29 g, KH 60 g, B 20 g, EW 25 g

1 Die **Zwiebel** schälen und fein würfeln. **Staudensellerie** und **Zucchini** putzen, waschen und in dünne Scheiben schneiden. Die **Knoblauchzehe** schälen und fein würfeln. **Bohnen** und **Kichererbsen** zusammen in ein Sieb geben, kalt abbrausen und abtropfen lassen. **2** Das **Olivenöl** in einem Topf erhitzen, Zwiebeln, Staudensellerie und Zucchini darin bei mittlerer Hitze 3–4 Minuten anbraten. Knoblauch und **Gewürze** dazugeben und kurz mitdünsten. Das **Tomatenmark** und 1 TL **Harissa** einrühren, Bohnen und Kichererbsen, **Gemüsebrühe, Dosentomaten** und **Balsamico-Essig** hinzufügen, leicht **salzen** und aufkochen. Bei niedriger Hitze etwa 10 Minuten köcheln lassen, mit **Salz** und **Pfeffer** abschmecken. **3** Die **Mayonnaise** und restliche **Harissapaste** verrühren. Den Eintopf in zwei Schalen füllen und dazu die Harissa-Mayonnaise reichen.

glutenfrei, frei von raffiniertem Zucker

PASTA BASTA

PASTA MIT KÜRBIS, KÜRBISKERNEN UND KERNÖL

Fein gewürfelter Kürbis, geröstete Kürbiskerne und ein Schuss dunkelgrünes Kürbiskernöl schmiegen sich um breite Nudeln. Was für ein wunderbares Herbstessen!

Zubereitungszeit 25 Minuten

Für 2 Personen

50 g Kürbiskerne
400 g Kürbis (z. B. Hokkaido)
1 Schalotte
1 Knoblauchzehe
Salz
200–250 g Pasta (z. B. Pappardelle)
1 EL Olivenöl
½ Bund gemischte Kräuter (z. B. Petersilie, Basilikum, Oregano)
1 TL Chiliflocken
schwarzer Pfeffer aus der Mühle
2 EL Kürbiskernöl

Nährwerte pro Person: 751 kcal
F 29 g, KH 98 g, B 3 g, EW 25 g

1 Die **Kürbiskerne** in einer Pfanne ohne Fett kurz anrösten, herausnehmen und grob hacken. **2** Den **Kürbis** entkernen, schälen oder waschen und in gut 1 cm kleine Würfel schneiden. **Schalotte** und **Knoblauchzehe** schälen und fein würfeln. **3** Reichlich **Salzwasser** in einem großen Topf zum Kochen bringen. Die **Pasta** darin nach Packungsangaben bissfest kochen. **4** Inzwischen das **Olivenöl** in einer Pfanne erhitzen und die Kürbiswürfel darin bei mittlerer Hitze rundum kräftig anbraten. Schalotten und Knoblauch dazugeben und kurz mitbraten. **5** Die **Kräuter** waschen, trocken schütteln, Blätter und dünne Stängel fein hacken, mit den Kürbiskernen unter die Kürbiswürfel mischen und herzhaft mit **Salz** und **Chiliflocken** würzen. **6** Die Pasta in ein Sieb abgießen, dabei etwas Kochwasser auffangen, und tropfnass unter das Kürbisgemüse rühren. Bei Bedarf etwas Kochwasser hinzufügen. Mit **Salz** und **Pfeffer** abschmecken, auf zwei Teller verteilen und mit dem **Kürbiskernöl** beträufeln.

frei von raffiniertem Zucker, sojafrei

PASTA AGLIO E OLIO MIT GRÜNEM SPARGEL

Dem Klassiker Pasta aglio e olio stelle ich gern grünes Gemüse zur Seite. Anstelle von Spargel kannst du auch kleine Brokkoliröschen oder Flower Sprouts anbraten.

Zubereitungszeit 25 Minuten

Für 2 Personen

500 g grüner Spargel
5 getrocknete Tomaten (in Öl eingelegt)
1–2 Knoblauchzehen
Salz
200–250 g Pasta (z. B. Rigatoni)
2 EL Olivenöl
1 TL Chiliflocken
3–4 Stängel glatte Petersilie
1 EL Zitronensaft
1 TL abgeriebene Biozitronenschale
2–3 EL veganer Streukäse (z. B. Cashew-Streukäse, siehe Seite 86; oder Fertigprodukt)

Nährwerte pro Person: 505 kcal
F 27 g, KH 52 g, B 5 g, EW 14 g

❶ Den **Spargel** waschen, im unteren Drittel schälen, die holzigen Enden abschneiden und die Stangen in etwa 3 cm kurze Stücke schneiden. **Tomaten** abtropfen lassen und fein hacken. Die **Knoblauchzehe(n)** schälen und in feine Scheiben schneiden. ❷ Reichlich **Salzwasser** in einem großen Topf zum Kochen bringen. Die **Pasta** darin nach Packungsangaben bissfest kochen. ❸ Inzwischen das **Olivenöl** in einer Pfanne erhitzen, den Spargel darin etwa 3 Minuten bei mittlerer Hitze anbraten. 2 EL Öl von den Tomaten, gehackte Tomaten, Knoblauch und **Chiliflocken** dazugeben und kurz mitdünsten, dabei soll der Knoblauch nur ganz leicht bräunen, da er sonst schnell bitter schmeckt. Die **Petersilie** abbrausen, trocken schütteln, die Blätter fein hacken, unterrühren und vom Herd nehmen. ❹ Die Pasta in ein Sieb abgießen und abtropfen lassen, dabei etwas Kochwasser auffangen. Die Pasta zurück in den Topf geben, Spargelmischung, **Zitronensaft** und **Zitronenschale** hinzufügen und alles vermischen. So viel Kochwasser nach und nach dazugeben, bis die Nudeln nicht mehr trocken, aber keinesfalls wässrig sind, dann mit **Salz** würzen. ❺ Das Pastagericht auf zwei Teller verteilen und mit dem **Streukäse** bestreuen.

frei von raffiniertem Zucker, sojafrei

PFIFFERLINGSPASTA

Bei mir gibt's keine Pilzsaison ohne diese aromatische Pfifferlingspasta, die durch gebratene Räuchertofu-Würfelchen besonders würzig wird.

Zubereitungszeit 25 Minuten

Für 2 Personen

200 g möglichst kleine Pfifferlinge
1 Schalotte
100 g Räuchertofu
Salz
200 g Pasta (z. B. Fettuccine)
1 EL Olivenöl
200 ml Pflanzensahne
100 ml Gemüsebrühe (siehe Seite 60; oder Fertigprodukt)
schwarzer Pfeffer aus der Mühle
4 Stängel glatte Petersilie
1 TL Thymianblättchen
1–2 TL Hefeflocken (nach Belieben)
2–3 EL veganer Streukäse (z. B. Steinpilz-Nuss-Streukäse, siehe Seite 86; oder Fertigprodukt)

Nährwerte pro Person: 719 kcal
F 26 g, KH 82 g, B 9 g, EW 26 g

❶ Die **Pfifferlinge** mit einem Pinsel oder Tuch gut säubern, dabei unschöne Stellen abschneiden. Kleine Pilze ganz lassen, größere kleiner schneiden. Die **Schalotte** schälen und fein würfeln. **Räuchertofu** trocken tupfen und klein würfeln. ❷ Reichlich **Salzwasser** in einem großen Topf zum Kochen bringen. Die **Pasta** darin nach Packungsangaben bissfest kochen. ❸ Inzwischen das **Olivenöl** in einer Pfanne erhitzen, Pilze, Schalotten und Räuchertofu darin bei mittlerer Hitze rundum etwa 3 Minuten anbraten. **Pflanzensahne** und **Gemüsebrühe** angießen, aufkochen und mit **Salz** und **Pfeffer** würzen. Die **Petersilie** waschen, trocken schütteln und die Blätter fein hacken. Petersilie und **Thymian** untermischen und vom Herd nehmen. Nach Belieben die **Hefeflocken** unterrühren. ❹ Die Pasta in ein Sieb abgießen und abtropfen lassen, zur Pilzmischung in die Pfanne geben, vermengen, kurz erhitzen und abschmecken. Auf zwei Teller verteilen und mit dem **Streukäse** bestreuen.

Tipp Für dieses Pastagericht passt statt der Gemüsebrühe auch die Pilzbrühe (siehe Seite 60) ganz besonders gut.

LINGUINE ALLA GENOVESE

Das Gute an klassischen Gerichten: Man wird ihrer einfach nicht überdrüssig. So ist's auch mit diesem schlichten ligurischen Pastagericht, das aus wenigen hochwertigen (Olivenöl!) Zutaten besteht.

Zubereitungszeit 25 Minuten

Für 2 Personen

FÜR GEMÜSE UND PASTA
Salz
200 g grüne Bohnen
250 g Kartoffeln
200 g Pasta (Linguine)

FÜR DAS PESTO
4 EL Pinienkerne
1 Knoblauchzehe
1 kleines Bund Basilikum
ca. 6 EL Olivenöl
Salz
schwarzer Pfeffer aus der Mühle

Nährwerte pro Person: 842 kcal
F 40 g, KH 99 g, B 7 g, EW 19 g

1 Für Gemüse und Pasta reichlich **Salzwasser** in einem großen Topf zum Kochen bringen. **2** Inzwischen die **Bohnen** putzen und waschen. Die **Kartoffeln** schälen und in etwa 2 cm große Würfel schneiden. **Pasta,** Bohnen und Kartoffeln ins kochende Wasser geben, aufkochen und etwa 10 Minuten (Garzeit der Pasta nach Packungsangaben beachten) gar kochen. **3** Währenddessen für das Pesto die **Pinienkerne** in einer Pfanne ohne Fett goldbraun rösten, abkühlen lassen, 1 EL zum Garnieren beiseitestellen. Die **Knoblauchzehe** schälen und grob hacken. Das **Basilikum** waschen, trocken schütteln, Blätter und dünne Stängel grob hacken. Pinienkerne, Knoblauch, Basilikum und **Olivenöl** im Blitzhacker oder mit dem Stabmixer fein pürieren und mit **Salz** und reichlich **Pfeffer** würzen. **4** Die Pastamischung in ein Sieb abgießen, dabei etwas Kochwasser auffangen, zurück in den Topf geben und mit dem Pesto vermischen. Nach Bedarf esslöffelweise Kochwasser unterrühren und zum Schluss abschmecken. **5** Die beiseitegestellten Pinienkerne fein hacken. Das Pastagericht auf zwei Teller verteilen und mit den Pinienkernen bestreuen.

frei von raffiniertem Zucker, sojafrei

PASTA MIT OFENGERÖSTETEM ROSENKOHL UND WALNÜSSEN

Die leicht herben Rosenkohlröschen bekommen im Ofen kräftige Röstaromen, die sich zusammen mit Schalotten und Walnüssen sehr gut in der rustikalen Winterpasta machen.

Zubereitungszeit 20 Minuten plus 15–20 Minuten Backzeit

Für 2 Personen

300 g Rosenkohl
2 Schalotten
Salz
schwarzer Pfeffer aus der Mühle
2 EL Olivenöl
2 EL Balsamico-Essig
1 ½ EL Ahornsirup
200 g Pasta (z. B. Mafaldine)
50 g Walnusskerne
2 EL getrocknete Cranberrys
2 EL Petersilienblätter
2 EL weißes Mandelmus

Nährwerte pro Person: 866 kcal
F 35 g, KH 98 g, B 11 g, EW 26 g

❶ Den Backofen auf 200 °C Ober-/Unterhitze oder 180 °C Umluft vorheizen. ❷ Den **Rosenkohl** putzen, waschen, abtropfen lassen, dann halbieren. Die **Schalotten** schälen und in dünne Spalten schneiden. Rosenkohl und Schalotten auf ein Backblech geben, mit **Salz** und **Pfeffer** würzen, mit **Olivenöl, Balsamico-Essig** und **Ahornsirup** beträufeln und alles gut mischen. In den vorgeheizten Ofen geben (Mitte) und 15–20 Minuten backen. ❸ Inzwischen reichlich **Salzwasser** in einem großen Topf zum Kochen bringen. Die **Pasta** darin nach Packungsangaben bissfest kochen. ❹ **Walnüsse** fein hacken und nach 10–15 Minuten Backzeit mit aufs Backblech streuen. ❺ Die **Cranberrys** grob, die **Petersilie** fein hacken. ❻ Die Pasta in ein Sieb abgießen, dabei etwas Kochwasser auffangen, und zurück in den Topf geben. Rosenkohlmischung, Cranberrys, Petersilie und **Mandelmus** hinzufügen, vermengen und esslöffelweise so viel Kochwasser unterrühren, bis die Sauce cremig ist. Mit **Salz** und **Pfeffer** abschmecken und auf zwei Teller verteilen.

Tipp Dazu passt mein Kürbispesto (siehe Seite 141).

frei von raffiniertem Zucker, sojafrei

PASTA MIT CREMIGER AVOCADOSAUCE UND RUCOLA

Gerade mal 15 Minuten und eine gute Handvoll Zutaten braucht's, bis ein dampfender Teller köstlicher Pasta mit cremiger, würziger Avocadosauce vor dir steht – was sagst du dazu? Ich sage nur: Unbedingt ausprobieren!

Zubereitungszeit 15 Minuten

Für 2 Personen

Salz
200 g Pasta (z. B. Vollkorn-Spaghettini)
2 EL Cashewkerne
1 Knoblauchzehe
2–3 Stängel Basilikum
1 reife Avocado
3 EL Zitronensaft
4 EL Olivenöl
1–2 Prisen Cayennepfeffer
50 g Rucola
2–3 EL veganer Streukäse (z. B. Walnuss-Streukäse, siehe Seite 87; oder Fertigprodukt)

Nährwerte pro Person: 842 kcal
F 50 g, KH 80 g, B 7 g, EW 17 g

❶ Reichlich **Salzwasser** in einem großen Topf zum Kochen bringen. Die **Pasta** darin nach Packungsangaben bissfest kochen. ❷ Inzwischen die **Cashewkerne** in einer Pfanne ohne Fett goldbraun rösten und abkühlen lassen. ❸ Die **Knoblauchzehe** schälen und grob hacken. **Basilikum** abbrausen, abtropfen lassen, Blätter und Stängel grob hacken. Die **Avocado** halbieren, entkernen, das Fruchtfleisch auslösen und mit Knoblauch und Basilikum in einen Mixbecher geben. Cashewkerne, **Zitronensaft** und **Olivenöl** dazugeben und mit dem Stabmixer pürieren. Mit **Salz** und **Cayennepfeffer** herzhaft würzen. ❹ Den **Rucola** waschen, trocken schütteln und große Blätter kleiner schneiden. ❺ Die Pasta in ein Sieb abgießen und tropfnass zurück in den Topf geben. Avocadosauce und Rucola hinzufügen und mischen. Das Pastagericht auf zwei Teller verteilen und mit dem **Streukäse** bestreuen.

Tipp Probiere als Abwechslung mal die zitronige Oliven-Gremolata (siehe Seite 67) als Topping.

frei von raffiniertem Zucker, sojafrei

NUSSIGER VEGANER STREUKÄSE

Streukäse darf auch in der veganen Küche nicht fehlen. Im Handel gibt es vegane Parmesan-Alternativen zu kaufen. Noch lieber mag ich selbst gemachten Streukäse, der mit Parmesan und Co. nichts zu tun hat, aber einem Teller Pasta das i-Tüpfelchen aufsetzt. Hier habe ich vier aromatische Varianten für dich. In Schraubgläser abgefüllt, sind sie im Kühlschrank etwa 4 Wochen haltbar.

MILDER, LEICHT CREMIGER CASHEW-STREUKÄSE
glutenfrei, frei von raffiniertem Zucker, sojafrei

Für 4 Personen 100 g grob gehackte Cashewkerne und 1 gehäuften EL ungeschälte Sesamsaat in einer Pfanne bei niedriger bis mittlerer Hitze leicht anrösten. Abkühlen lassen, dann mit 1 EL Hefeflocken und ¼ TL Salz im Blitzhacker fein mixen. Passt unter anderem zu Pasta aglio e olio (siehe Seite 77) und Tomatenrisotto (siehe Seite 135).

Nährwerte pro Person: 166 kcal (F 12 g, KH 9 g, B 1 g, EW 5 g)

WÜRZIG-INTENSIVER STEINPILZ-NUSS-STREUKÄSE
glutenfrei, frei von raffiniertem Zucker, sojafrei

Für 4 Personen 100 g Haselnusskerne in einer Pfanne bei niedriger bis mittlerer Hitze leicht anrösten, bis sich die Häutchen lösen. Die Nüsse in ein Küchentuch geben und damit die Häutchen abrubbeln. Abkühlen lassen, die Nüsse mit 1 EL getrockneten Steinpilzen, 1 TL Hefeflocken, ½ TL getrocknetem Thymian und ¼ TL Salz im Blitzhacker fein mixen. Passt zu Pfifferlingspasta (siehe Seite 79) und Gnocchi (siehe Seite 17).

Nährwerte pro Person: 169 kcal (F 16 g, KH 3 g, B 1 g, EW 4 g)

KRÄFTIG-WÜRZIGER WALNUSS-STREUKÄSE

glutenfrei, frei von raffiniertem Zucker, sojafrei

Für 4 Personen 100 g Walnusskerne in einer Pfanne bei niedriger bis mittlerer Hitze leicht anrösten. Abkühlen lassen, dann mit 1 EL Hefeflocken, ½ TL edelsüßem Paprikapulver, ¼ TL geräuchertem Paprikapulver und ¼ TL Salz im Blitzhacker fein mixen. Passt zu Pasta (siehe Seite 85) und Graupenrisotto (siehe Seite 146).

Nährwerte pro Person: 181 kcal (F 16 g, KH 4 g, B 2 g, EW 5 g)

NUSSFREIER SONNENBLUMENKERN-STREUKÄSE

glutenfrei, frei von raffiniertem Zucker, sojafrei

Für 4 Personen 100 g Sonnenblumenkerne in einer Pfanne bei niedriger bis mittlerer Hitze leicht anrösten. Abkühlen lassen, dann mit 1 EL Hefeflocken, ½ TL Paprikapulver, 1 TL gerebeltem Oregano und ¼ TL Salz im Blitzhacker fein mixen. Passt unter anderem zu Pasta e ceci (siehe Seite 89), Spinat-Brokkoli-Pasta (siehe Seite 97) und Buchweizenrisotto (siehe Seite 150).

Nährwerte pro Person: 161 kcal (F 13 g, KH 4 g, B 2 g, EW 6 g)

PASTA E CECI – ONE-POT-PASTA MIT KICHERERBSENSUGO

Schön cremig soll der Sugo des Nudelgerichts aus der süditalienischen Region Basilicata sein, deshalb püriere ich einen Teil der Kichererbsen dieser One-Pot-Pasta. So einfach, so gut!

Zubereitungszeit 25 Minuten

Für 2 Personen

1 kleine Zwiebel
1 Knoblauchzehe
1 mittelgroße Karotte
1 Stange Staudensellerie
2–3 Zweige Thymian
1 EL Olivenöl
1 ½ EL Tomatenmark
½ TL getrockneter Oregano
700–800 ml Gemüsebrühe (siehe Seite 60; oder Fertigprodukt)
Salz
schwarzer Pfeffer aus der Mühle
250 g Kichererbsen aus dem Glas (Abtropfgewicht)
200 g kleine Nudeln (z. B. Malloreddus)
1 EL Petersilienblätter
2–3 EL veganer Streukäse (z. B. Sonnenblumenkern-Streukäse, siehe Seite 87; oder Fertigprodukt)

Nährwerte pro Person: 764 kcal
F 17 g, KH 115 g, B 12 g, EW 25 g

❶ **Zwiebel** und **Knoblauchzehe** schälen und fein würfeln. Die **Karotte** gut schrubben und in kleine Würfel schneiden. Den **Staudensellerie** putzen, waschen und in dünne Scheiben schneiden, das Grün beiseitelegen. Den **Thymian** abbrausen und trocken schütteln. ❷ Das **Olivenöl** in einem Topf erhitzen. Zwiebeln, Karotten und Staudensellerie andünsten, den Knoblauch dazugeben und kurz mitdünsten. **Tomatenmark** unterrühren, Thymian und **Oregano** zugeben, 500 ml **Gemüsebrühe** angießen, leicht **salzen, pfeffern** und aufkochen. ❸ Die **Kichererbsen** in ein Sieb abgießen und kalt abbrausen, die Hälfte der Kichererbsen und die **Nudeln** in den Topf geben und nach Packungsangaben köcheln lassen, bis die Nudeln bissfest sind (kann je nach Nudelsorte unterschiedlich sein). ❹ Die restlichen Kichererbsen mit 200 ml **Gemüsebrühe** in einen Mixbecher geben und mit dem Stabmixer grob pürieren. Sobald die Nudeln bissfest sind, die pürierten Kichererbsen unterrühren und aufkochen. Die Sauce sollte jetzt dickflüssig bis cremig sein. Ist sie zu flüssig, 1–2 Minuten weiterkochen lassen, ist sie zu dick, noch etwas restliche **Gemüsebrühe** unterrühren. ❺ Mit **Salz** und **Pfeffer** abschmecken und in zwei Schalen füllen. **Petersilie** und Selleriegrün fein hacken, über die Portionen geben und mit dem **Streukäse** bestreuen.

Tipp Hier macht sich mein Tomaten- oder Olivenpesto (siehe Seite 140) sehr gut.

frei von raffiniertem Zucker, sojafrei

CREMIGE SPAGHETTI CARBONARA

Eine würzige Carbonara ganz ohne Speck und Käse, wo gibt's denn so was? Hier, bitte schön!

Zubereitungszeit 20 Minuten

Für 2 Personen

100 g Räuchertofu
1 kleine Zwiebel
1 Knoblauchzehe
2–3 Stängel Petersilie
Salz
200 g Spaghetti
1 EL Olivenöl
200 ml Pflanzensahne
1 EL weißes Mandelmus
1 EL helles Miso (z. B. Shiro Miso)
1 Msp. gemahlene Kurkuma
schwarzer Pfeffer aus der Mühle
1–2 Spritzer Zitronensaft
1 Prise Kala Namak (nach Belieben)

Nährwerte pro Person: 681 kcal
F 25 g, KH 76 g, B 8 g, EW 27 g

1 Den **Räuchertofu** trocken tupfen und in kleine Würfel schneiden. **Zwiebel** und **Knoblauchzehe** schälen und fein würfeln. Die **Petersilie** abbrausen, trocken schütteln, Blätter und dünne Stängel fein hacken. **2** Reichlich **Salzwasser** in einem großen Topf zum Kochen bringen. Die **Pasta** darin nach Packungsangaben bissfest kochen. **3** Währenddessen das **Olivenöl** in einer Pfanne erhitzen und den Tofu darin rundum knusprig braten. Zwiebeln und Knoblauch dazugeben und kurz mitbraten. Die **Pflanzensahne** angießen und erhitzen. **Mandelmus, Miso** und **Kurkuma** unterrühren. Die Sauce mit **Salz, Pfeffer, Zitronensaft** und nach Belieben mit **Kala Namak** abschmecken. **4** Die Pasta in ein Sieb abgießen, dabei etwas Kochwasser auffangen, in die Pfanne geben, vermischen und so viel Kochwasser unterrühren, bis die Sauce cremig ist. Mit der Petersilie bestreuen.

Kala Namak Das bräunlich-rosa bis dunkelviolette Kala Namak wird auch Schwarzsalz genannt. Es schmeckt rauchig mit einer leicht bitteren Note und hat durch den hohen Schwefelgehalt einen charakteristischen Eiergeschmack, was es für die vegane Küche sehr attraktiv macht.

PASTA MIT ARTISCHOCKENPESTO

Ein Glas oder eine Dose Artischockenherzen habe ich immer im Vorratsschrank stehen, so kann ich, wenn's schnell gehen muss, in wenigen Minuten dieses mediterrane Pesto mixen. Falls du keine frischen Kräuter zur Hand hast, würze die Sauce mit getrocknetem Oregano oder Thymian. Das Pesto macht sich auch auf geröstetem Brot bestens.

Zubereitungszeit 15 Minuten

Für 2 Personen

Salz
200 g Pasta (z. B. Penne)
50 g gehackte Mandelkerne
200 g in Lake eingelegte Artischockenherzen aus der Dose
2 Knoblauchzehen
1 Handvoll Petersilie oder Basilikum
50 ml Olivenöl
1 TL abgeriebene Biozitronenschale
2–3 Spritzer Zitronensaft
½–1 TL Chiliflocken

Nährwerte pro Person: 624 kcal
F 27 g, KH 79 g, B 4 g, EW 14 g

(1) Reichlich **Salzwasser** in einem großen Topf zum Kochen bringen. Die **Pasta** darin nach Packungsangaben bissfest kochen. (2) Währenddessen die **Mandeln** in einer Pfanne ohne Fett goldbraun rösten. Vom Herd nehmen und 1 EL davon fürs Topping beiseitestellen. (3) Inzwischen die **Artischocken** in ein Sieb geben und abtropfen lassen, dann grob hacken. Die **Knoblauchzehen** schälen und grob hacken. **Petersilie** abbrausen, abtropfen lassen, Blätter und Stängel grob hacken. Artischocken, Knoblauch und Petersilie in einen Mixbecher geben und mit dem Stabmixer nicht zu fein pürieren. Mandeln, **Olivenöl, Zitronenschale, Zitronensaft, Chiliflocken** und etwas **Salz** unter das Pesto rühren. (4) Die Pasta in ein Sieb abgießen, tropfnass zurück in den Topf geben, das Artischockenpesto darübergeben und vermischen. Auf zwei Teller verteilen und mit den beiseitegestellten Mandeln bestreuen.

Tipp Als Topping passt die zitronige Oliven-Gremolata prima (siehe Seite 67).

frei von raffiniertem Zucker, sojafrei

PASTA MIT PAPRIKAPESTO UND SCHARFEN KNUSPERBRÖSELN

Pestos sind wie gemacht für die schnelle Nudelnummer. Mit diesem würzigen roten Pesto bringst du köstliche Abwechslung auf den Teller, crunchy wird's durch die Pankobrösel.

Zubereitungszeit 20 Minuten

Für 2 Personen

3 EL Sonnenblumenkerne
Salz
200 g Pasta (z. B. Girandole oder andere Spiralnudeln)
80 g gegrillte rote Paprika aus dem Glas
80 g getrocknete Tomaten (in Öl eingelegt)
1 Knoblauchzehe
3 EL Olivenöl
1–2 Prisen geräuchertes Paprikapulver (Pimentón de la Vera)
schwarzer Pfeffer aus der Mühle
4 EL Panko
1 TL Rosmarinnadeln
½–1 TL Chiliflocken

Nährwerte pro Person: 707 kcal
F 28 g, KH 90 g, B 1 g, EW 21 g

1 Die **Sonnenblumenkerne** in einer Pfanne ohne Fett kurz anrösten. Vom Herd nehmen und 1 EL davon als Topping beiseitestellen. 2 Reichlich **Salzwasser** in einem großen Topf zum Kochen bringen. Die **Pasta** darin nach Packungsangaben bissfest kochen. 3 Währenddessen **Paprika** und **Tomaten** in einem Sieb abtropfen lassen, dabei die Flüssigkeit auffangen. Die **Knoblauchzehe** schälen und grob hacken. 4 Sonnenblumenkerne, Paprika, Tomaten, Knoblauch, 2 EL **Olivenöl** und **Paprikapulver** in einen Mixbecher geben und mit dem Stabmixer pürieren. (Alternativ den Standmixer verwenden.) So viel von der aufgefangenen Flüssigkeit unterrühren, bis das Pesto schön cremig ist. Mit **Salz** und **Pfeffer** abschmecken. 5 Das restliche **Olivenöl** in einer Pfanne erhitzen, das **Panko** darin hellbraun rösten und vom Herd nehmen. Beiseitegestellte Sonnenblumenkerne sowie **Rosmarin** fein hacken, mit den **Chiliflocken** zum Panko geben und vermischen. 6 Die Pasta in ein Sieb abgießen, dabei eine Tasse Kochwasser auffangen, wieder in den Topf geben, das Pesto hinzufügen und vermischen. Bei Bedarf etwas Kochwasser unterrühren. Auf zwei Teller verteilen und mit den Knusperbröseln bestreuen.

frei von raffiniertem Zucker, sojafrei

GRÜNE SPINAT-BROKKOLI-PASTA

Was ich an dieser Pasta so liebe? Sie schmeckt richtig würzig, steckt voll von gesundem Grünzeug und ist im Handumdrehen fertig. Außerdem gibt's kaum Abwasch. Überzeugt?

Zubereitungszeit 20 Minuten

Für 2 Personen

1 Schalotte
1 Knoblauchzehe
1 EL Olivenöl
200 g TK-Blattspinat
150 ml Gemüsebrühe (siehe Seite 60; oder Fertigprodukt)
Salz
200 g Pasta (z. B. Farfalle)
3 EL Pinienkerne
250 g Brokkoli
200 g vegane Crème fraîche
schwarzer Pfeffer aus der Mühle
1–2 Prisen frisch geriebene Muskatnuss
1 TL abgeriebene Biozitronenschale
75 g TK-Erbsen
2–3 EL veganer Streukäse (nach Belieben, z. B. Sonnenblumenkern-Streukäse, siehe Seite 87; oder Fertigprodukt)

Nährwerte pro Person: 921 kcal
F 47 g, KH 94 g, B 10 g, EW 24 g

1 **Schalotte** und **Knoblauchzehe** schälen und fein würfeln. Das **Olivenöl** in einem Topf erhitzen, Schalotten und Knoblauch darin andünsten, dann **Spinat** und **Gemüsebrühe** dazugeben und abgedeckt bei niedriger Hitze etwa 5 Minuten köcheln lassen, bis der Spinat aufgetaut ist. 2 In der Zwischenzeit reichlich **Salzwasser** in einem großen Topf zum Kochen bringen. Die **Pasta** darin nach Packungsangaben bissfest kochen. 3 Währenddessen die **Pinienkerne** in einer Pfanne ohne Fett goldbraun rösten und abkühlen lassen. **Brokkoli** waschen und in kleine Röschen teilen. 4 **Crème fraîche** in die Spinatmischung rühren, aufkochen und die Sauce mit **Salz, Pfeffer, Muskatnuss** und **Zitronenschale** würzen. 5 1–2 Minuten vor Garzeitende Brokkoli und **TK-Erbsen** zur Pasta geben und mitkochen lassen. Dann in ein Sieb abgießen, kurz abtropfen lassen und wieder zurück in den Topf geben. Spinatsauce dazugeben, vermischen und abschmecken. 6 Das Pastagericht auf zwei Teller verteilen und mit Pinienkernen und nach Belieben mit **Streukäse** bestreuen.

Tipp Dazu passt etwas Tomatenpesto (siehe Seite 140).

SATTMACHER-SALATE

SIZILIANISCHE CAPONATA MIT CANNELLINIBOHNEN

So schmeckt sizilianische Sommerküche! Unter den süßsauer abgeschmeckten Salat aus geschmortem Sommergemüse, Oliven und Rosinen mische ich kleine weiße Bohnen. Das schmeckt nicht nur gut, das hält auch länger satt und bringt gesundes Eiweiß auf den Teller. Ein paar Scheiben Ciabatta oder Focaccia dazu ist immer eine gute Idee.

Zubereitungszeit 30 Minuten

Für 2 Personen

1 kleine Aubergine
1 kleine Zucchini
1 Stange Staudensellerie
1 rote Zwiebel
1 Knoblauchzehe
250 g Kirschtomaten
ca. 5 EL Olivenöl
250 g Cannellinibohnen aus der Dose (Abtropfgewicht)
2 EL entsteinte grüne Oliven
1 EL eingelegte Kapern aus dem Glas, abgetropft
1 EL Rosinen
3 EL Balsamico-Essig
Salz
½–1 TL Chiliflocken
2 Stängel Minze
2 Stängel Oregano
schwarzer Pfeffer aus der Mühle
1–2 Prisen Zucker

Nährwerte pro Person: 362 kcal
F 17 g, KH 32 g, B 15 g, EW 14 g

1 **Aubergine** und **Zucchini** waschen, putzen und in kleine Würfel schneiden. Die **Selleriestange** waschen und in dünne Scheiben schneiden. Die **Zwiebel** schälen und in dünne Spalten schneiden. Die **Knoblauchzehe** schälen und fein hacken. Die **Kirschtomaten** waschen und halbieren. **2** Das **Olivenöl** in einer großen Pfanne erhitzen. Auberginen, Zucchini, Sellerie und Zwiebeln darin bei mittlerer Hitze unter gelegentlichem Rühren etwa 8 Minuten rundum anbraten. **3** Inzwischen die **Bohnen** in ein Sieb abgießen, kalt abbrausen und abtropfen lassen. **4** Bohnen, Knoblauch, Tomaten, **Oliven, Kapern, Rosinen** und **Balsamico-Essig** zum Gemüse geben, mit **Salz** und **Chiliflocken** würzen und weitere 5 Minuten köcheln lassen. **5** Die **Kräuter** abbrausen, trocken schütteln, die Blätter abstreifen, grob hacken und unter das Gemüse mischen. Die Caponata mit **Salz, Pfeffer** und **Zucker** abschmecken, auf zwei Teller geben und warm oder abgekühlt genießen.

Tipp Dazu passt als Topping mein Kräuter-Hanf-Sprinkle (siehe Seite 66).

glutenfrei, sojafrei

QUINOA-SALAT MIT FEIGEN, FETA UND GRÜNEN BOHNEN

Quinoa ist nicht nur richtig gesund (Eiweiß!), die kleinen Körnchen schmecken auch wunderbar fein-nussig und sind außerdem in wenigen Minuten gar – perfekt also für die schnelle Küche!

Zubereitungszeit 25 Minuten

Für 2 Personen

FÜR DEN SALAT
125 g Quinoa
Salz
200 g grüne Bohnen
150 g Kirschtomaten
2 Feigen
75 g veganer Feta
4–5 Stängel Minze

FÜR DIE SAUCE
1 Biozitrone
3 EL Olivenöl
1 TL Agavensirup
1 TL Chiliflocken
Salz

Nährwerte pro Person: 564 kcal
F 28 g, KH 63 g, B 11 g, EW 18 g

1 Für den Salat die **Quinoa** in ein feines Sieb geben, unter fließendem Wasser gründlich abbrausen und in einen Topf geben. Mit Wasser bedecken, **salzen** und insgesamt 15 Minuten kochen. **2** Währenddessen die **Bohnen** putzen, waschen, in kurze Stücke schneiden, nach 8 Minuten Kochzeit zur Quinoa geben und noch etwa 7 Minuten mitkochen. Quinoa und Bohnen in ein Sieb abgießen, kalt abschrecken und abtropfen lassen. **3** Inzwischen die **Tomaten** waschen und in Scheiben schneiden. **Feigen** waschen und in Spalten schneiden. Den **Feta** würfeln. **Minze** waschen und die Blätter zerzupfen. Alles in eine Schüssel geben und die Quinoa-Bohnen-Mischung unterheben. **4** Für die Sauce die **Zitrone** heiß waschen, trocken tupfen, die Schale fein abreiben und den Saft auspressen. Zitronenschale, 3 EL Zitronensaft, **Olivenöl, Agavensirup, Chiliflocken** und etwas **Salz** verquirlen. Über den Salat träufeln, mischen und einige Minuten ziehen lassen. Dann abschmecken, in zwei Schalen füllen und genießen.

Tipp Du hast die klassische Vinaigrette (siehe Seite 108) im Kühlschrank? Dann kannst du auch diese statt der hier angegebenen Sauce nehmen. Der Geschmack ist zwar ein wenig anders, aber ebenfalls sehr gut.

glutenfrei, frei von raffiniertem Zucker, sojafrei

HIRSESALAT MIT GEBRATENEM SOMMERGEMÜSE

Hirse zählt zur Familie der Süßgräser und ist in vielen afrikanischen und asiatischen Ländern ein Grundnahrungsmittel. Höchste Zeit, dass Hirse auch bei uns häufiger auf den Tisch kommt! Die goldgelben Körner sind in Windeseile gar, glutenfrei und gesund, denn sie enthalten viele Mineralstoffe, allen voran Magnesium und Eisen.

Zubereitungszeit ca. 25 Minuten

Für 2 Personen

Salz
100 g Hirse (Goldhirse)
1 kleine rote Zwiebel
1 kleine Zucchini
1 gelbe Paprika
2 EL Olivenöl
schwarzer Pfeffer aus der Mühle
200 g Kirschtomaten
1 Handvoll Minzestängel
1 Handvoll Petersilie
4 getrocknete Tomaten (in Öl eingelegt)
3 EL Zitronensaft
1 TL Agavensirup
1–2 TL Baharat (arabische Gewürzmischung)
½ TL Chiliflocken

Nährwerte pro Person: 389 kcal
F 14 g, KH 53 g, B 4 g, EW 11 g

1 Ausreichend **Salzwasser** in einem Topf zum Kochen bringen. Währenddessen die **Hirse** in ein feines Sieb geben, abbrausen und abtropfen lassen. Dann in das kochende Wasser geben und 5 Minuten kochen. Vom Herd nehmen und die Hirse 5 Minuten quellen lassen. In ein Sieb abgießen, abtropfen, dann in eine Schüssel füllen und abkühlen lassen. **2** Inzwischen die **Zwiebel** schälen und in dünne Streifen schneiden. **Zucchini** und **Paprika** waschen, putzen und in kleine Würfel schneiden. Das **Olivenöl** in einer Pfanne erhitzen, Zucchini, Paprika und Zwiebeln darin bei mittlerer Hitze etwa 7 Minuten rundum kräftig anbraten. Mit **Salz** und **Pfeffer** würzen und beiseitestellen. **3** In der Zwischenzeit die **Kirschtomaten** waschen und halbieren. **Kräuter** abbrausen, trocken schütteln, Blätter und dünne Stängel fein hacken. Die **getrockneten Tomaten** klein schneiden. **4** Alle vorbereiteten Zutaten in die Schüssel zur Hirse geben, **Zitronensaft,** 1 EL Öl von den getrockneten Tomaten, **Agavensirup, Baharat, Chiliflocken** und etwas **Salz** hinzufügen, mischen und einige Minuten durchziehen lassen. Dann den Salat abschmecken und auf zwei Schalen verteilen.

Tipp Probiere dazu mal als Topping das nussige Dukkah (siehe Seite 66).

Baharat Baharat ist eine Gewürzmischung, die meistens Paprikapulver, Kreuzkümmel, Pfeffer, Koriander, Kardamom, Muskatnuss, Zimt, Nelken und Piment enthält. Du kannst sie im Supermarkt oder im türkischen Laden bekommen.

glutenfrei, frei von raffiniertem Zucker, sojafrei

MEDITERRANER BROTSALAT MIT WEISSEM SPARGEL

Brotsalate liebe ich in vielen Varianten, dieser Salat mit gebratenem Spargel und der mediterranen Sauce ist einer meiner liebsten. Aus Spargelschalen und -enden kannst du einen Spargelfond kochen, so hast du eine aromatische Basis für eine Suppe oder ein Risotto.

Zubereitungszeit 30 Minuten

Für 2 Personen

FÜR DEN SALAT
500 g weißer Spargel
2 EL Olivenöl
Salz
schwarzer Pfeffer aus der Mühle
2–3 dicke Scheiben Weißbrot oder Ciabatta (vom Vortag; insgesamt ca. 125 g)
1 EL Pinienkerne
4 Stängel Basilikum
1 Handvoll Pflücksalatmischung
1 EL entsteinte schwarze Oliven
1 TL eingelegte Kapern aus dem Glas, abgetropft

FÜR DIE SAUCE
1 Knoblauchzehe
3 getrocknete Tomaten (in Öl eingelegt)
1 EL Balsamico-Essig
1 TL Agavensirup
2 EL Olivenöl
Salz
schwarzer Pfeffer aus der Mühle

Nährwerte pro Person: 442 kcal
F 22 g, KH 44 g, B 4 g, EW 13 g

❶ Für den Salat den **Spargel** waschen, dünn schälen und die holzigen Enden abschneiden. Die Stangen schräg in etwa 3 cm kurze Stücke schneiden. 1 EL **Olivenöl** in einer Pfanne erhitzen und den Spargel darin bei mittlerer Hitze rundum etwa 5 Minuten anbraten. Mit **Salz** und **Pfeffer** würzen und in eine Schüssel geben. ❷ Die **Brotscheiben** in mundgerechte Stücke zupfen. Das übrige **Olivenöl** in derselben Pfanne erhitzen und das Brot darin unter mehrmaligem Wenden goldbraun und knusprig braten. Zum Spargel geben. ❸ Die **Pinienkerne** in derselben Pfanne ohne weiteres Fett goldbraun rösten und vom Herd nehmen. ❹ Inzwischen das **Basilikum** waschen, trocken schütteln und die Blätter zerzupfen. Den **Pflücksalat** waschen und trocken schleudern. **Oliven** und **Kapern** grob hacken. Alles mit den Pinienkernen ebenfalls zum Spargel geben. ❺ Für die Sauce die **Knoblauchzehe** schälen und grob hacken. **Getrocknete Tomaten** grob hacken und beides in einen Mixbecher geben. **Balsamico-Essig, Agavensirup, Olivenöl** und 3 EL Wasser hinzufügen, mit dem Stabmixer fein pürieren und mit **Salz** und **Pfeffer** abschmecken. ❻ Die Sauce über die Zutaten in der Schüssel träufeln, locker vermischen und einige Minuten durchziehen lassen. Zum Schluss den Salat abschmecken und auf zwei Schalen verteilen.

frei von raffiniertem Zucker, sojafrei

SALATSAUCEN AUF VORRAT

Von diesen Saucen bereitest du am besten gleich die doppelte Menge zu, das spart viel Zeit. Diese Salatsaucen sind vielseitig einsetzbar. Am besten in eine kleine Glasflasche oder ein Schraubglas füllen und dann nicht vergessen, kräftig zu schütteln, bevor du die Saucen verwendest! Im Kühlschrank lassen sie sich etwa 1 Woche aufbewahren.

KLASSISCHE FRANZÖSISCHE VINAIGRETTE

glutenfrei, frei von raffiniertem Zucker, sojafrei

Für 4 Personen 2 EL Weißweinessig mit 1 Prise Salz und etwas schwarzem Pfeffer aus der Mühle kräftig verrühren, bis sich das Salz aufgelöst hat. 1 TL Agavensirup und ½ TL Dijonsenf unterrühren, dann in einem dünnen Strahl 6 EL Olivenöl kräftig einarbeiten, bis sich alles gut verbunden hat. Würziger wird die Vinaigrette, wenn du 1 fein gehackte oder fein zerdrückte Knoblauchzehe zugibst. Die Vinaigrette passt unter anderem als Variante beim Quinoa-Salat (siehe Seite 103).

Nährwerte pro Person: 139 kcal (F 15 g, KH 1 g, B 0 g, EW 0 g)

CREMIGE SESAMSAUCE

glutenfrei, sojafrei

Für 4 Personen 1 EL Tahin (Sesammus), 2 EL Zitronensaft, 1 EL Granatapfelsirup, 1 TL Agavensirup, 1 gute Prise Salz, etwas schwarzen Pfeffer aus der Mühle, ¼ TL gemahlenen Kreuzkümmel und 5 EL Olivenöl kräftig verrühren, bis sich alles gut verbunden hat. 1 EL ungeschälte, kurz angeröstete Sesamsaat einrühren. Die Sauce passt unter anderem als Variante beim Linsensalat (siehe Seite 111).

Nährwerte pro Person: 140 kcal (F 15 g, KH 2 g, B 0 g, EW 1 g)

LEICHT SCHARFE ORIENTALISCHE SALATSAUCE
glutenfrei, frei von raffiniertem Zucker, sojafrei

Für 4 Personen 2 EL Zitronensaft mit 1 Prise Salz, ½ TL Ras el-Hanout (orientalische Gewürzmischung) und ½ TL Chiliflocken kräftig verrühren. 1 TL Agavensirup und 6 EL Olivenöl kräftig unterrühren. Das Fruchtfleisch von ½ Salzzitrone entfernen, nur die Schale in feine Würfel schneiden und unterrühren. Die Sauce passt als Variante beim Buchweizensalat (siehe Seite 116) und beim Kichererbsen-Fenchel-Salat (siehe Seite 115).

Nährwerte pro Person: 141 kcal (F 15 g, KH 2 g, B 0 g, EW 0 g)

KRÄFTIGE BALSAMICO-VINAIGRETTE
glutenfrei, sojafrei

Für 4 Personen 2 EL dunklen Balsamico-Essig mit 1 Prise Salz und etwas schwarzem Pfeffer aus der Mühle kräftig verrühren, bis sich das Salz aufgelöst hat. 1 TL Agavensirup oder rotes Fruchtgelee, ½ TL Dijonsenf, 3 EL Olivenöl und 3 EL geröstetes Haselnussöl kräftig unterrühren. Die Vinaigrette passt unter anderem als Variante beim Rotkohlsalat (siehe Seite 122).

Nährwerte pro Person: 142 kcal (F 15 g, KH 2 g, B 0 g, EW 0 g)

LINSENSALAT MIT MELONE UND FETA

Linsensalate gibt es bei mir mit großer Regelmäßigkeit. Sie sind herrlich wandelbar, sodass es nie eintönig wird. Dieser Salat kommt mit kühlender Gurke, Melone und Minze daher und schmeckt besonders gut, wenn's draußen warm ist. Ein echter Sommersalat!

Zubereitungszeit 25 Minuten

Für 2 Personen

FÜR DEN SALAT
1 Minigurke
¼ Honigmelone
2 Frühlingszwiebeln
250 g braune Linsen aus der Dose (Abtropfgewicht)
2 Stängel Minze
2 Stängel Dill
3 EL geröstete, gesalzene Pistazien in der Schale
1 gehäufter EL getrocknete Berberitzen (oder Cranberrys)
80 g veganer Feta

FÜR DIE SAUCE
3 EL Zitronensaft
1 EL Ahornsirup
Salz
1 TL Chiliflocken
3 EL Olivenöl

Nährwerte pro Person: 576 kcal
F 32 g, KH 52 g, B 2 g, EW 20 g

1 Für den Salat die **Gurke** waschen und mit dem Sparschäler in lange Streifen schneiden. Die **Melone** entkernen, schälen und in dünne Spalten schneiden. **Frühlingszwiebeln** putzen, waschen und in dünne Röllchen schneiden. 2 Die **Linsen** in ein Sieb abgießen, kalt abbrausen und abtropfen lassen. **Kräuter** waschen, Blätter abzupfen und hacken. Die **Pistazien** aus den Schalen lösen und grob hacken. Alle vorbereiteten Zutaten in eine Schüssel geben, die **Berberitzen** hinzufügen, den **Feta** darüberkrümeln und vermengen. 3 Für die Sauce **Zitronensaft** mit **Ahornsirup,** etwas **Salz, Chiliflocken** und **Olivenöl** kräftig verquirlen. Über die Salatzutaten träufeln, vermischen und einige Minuten durchziehen lassen. Den Salat auf zwei Schalen verteilen und genießen.

Tipp Statt der hier angegebenen Sauce passt auch die cremige Sesamsauce (siehe Seite 108) sehr gut, die dem Salat einen leicht orientalischen Touch gibt.

glutenfrei, frei von raffiniertem Zucker, sojafrei

SCHARFER EDAMAME-ZUCKERSCHOTEN-SALAT MIT KNUSPRIGEM TOFU

Edamame, die grünen Kerne unreif geernteter Sojabohnen, stecken voller gesundem Eiweiß. Wie praktisch, dass es Edamame-Kerne tiefgekühlt zu kaufen gibt, so entfällt das lästige Aus-den-Hülsen-Drücken und die grünen Kerne sind im Nu gar. Zusammen mit knackigem Gemüse, einem Currydressing und gebratenem Tofu machen sie sich in diesem fix zubereiteten Asia-Salat gut.

Zubereitungszeit 25 Minuten

Für 2 Personen

FÜR DEN SALAT
Salz
100 g TK-Edamame-Kerne
125 g Zuckerschoten
1 kleine Karotte
2 EL geröstete, gesalzene Cashewkerne
½ Bund Koriander

FÜR DIE SAUCE
2 TL vegane rote Currypaste
1 EL geröstetes Sesamöl
3 EL Pflanzenöl
1 EL Ahornsirup
2 EL Sojasauce
3 EL Limettensaft
1 Prise Salz

FÜR DEN TOFU
200 g Tofu Natur
1 EL Pflanzenöl
1 EL ungeschälte Sesamsaat

Nährwerte pro Person: 585 kcal
F 42 g, KH 23 g, B 6 g, FW 28 g

1 Für den Salat **Salzwasser** in einem Topf zum Kochen bringen und die **Edamame** darin 2 Minuten kochen. Inzwischen die **Zuckerschoten** waschen, halbieren, zu den Edamame geben und einmal aufkochen lassen. Das Gemüse in ein Sieb abgießen, kalt abschrecken und abtropfen lassen. 2 Die **Karotte** schrubben und in dünne Scheiben schneiden. **Cashewkerne** fein hacken. Den **Koriander** waschen, trocken schütteln, die Blätter von den Stielen zupfen, die Stiele grob hacken. Bis auf die Korianderstiele alle vorbereiteten Salatzutaten in eine Schüssel geben. 3 Für die Sauce alle **Zutaten** mit den Korianderstielen in einen Mixbecher geben und mit dem Stabmixer pürieren. 4 Den **Tofu** trocken tupfen und in Würfel schneiden. Das **Pflanzenöl** in einer Pfanne erhitzen und die Tofuwürfel darin rundum scharf anbraten. 2 EL Salatsauce und **Sesam** darübergeben, verrühren und die Pfanne vom Herd nehmen. 5 Die restliche Salatsauce über den Salat träufeln, vermischen und mit dem Tofu auf zwei Tellern anrichten.

KICHERERBSEN-FENCHEL-SALAT MIT SALZZITRONE UND APRIKOSEN

Ein, zwei Gläser Kichererbsen finden sich immer in meinem Vorrat, bilden sie doch die Basis für allerlei Gerichte. Etwas Fenchel dazu, getrocknete Aprikosen, eine Handvoll Kräuter und ein würzig-scharfes Dressing – fertig ist ein köstlicher Salat voller nordafrikanischer Aromen.

Zubereitungszeit 15 Minuten

Für 2 Personen

FÜR DIE SAUCE

1 Knoblauchzehe
½ Salzzitrone
3 EL Zitronensaft
1 EL Aprikosenkonfitüre (oder Ahornsirup)
4 EL Olivenöl
1 TL Ras el-Hanout (orientalische Gewürzmischung)
½ TL Chiliflocken
Salz

FÜR DEN SALAT

250 g Kichererbsen aus dem Glas (Abtropfgewicht)
6 getrocknete Aprikosen
1 kleiner Fenchel
2 Frühlingszwiebeln
1 Handvoll Kräuter (z. B. Minze oder Petersilie und Dill)

Nährwerte pro Person: 457 kcal
F 25 g, KH 41 g, B 14 g, EW 13 g

1 Für die Sauce die **Knoblauchzehe** schälen und fein hacken. Das Fruchtfleisch von der **Salzzitrone** entfernen und nur die Schale in dünne Streifen schneiden. Knoblauch, Salzzitrone, **Zitronensaft, Konfitüre, Olivenöl, Ras el-Hanout, Chiliflocken** und etwas **Salz** in eine Schüssel geben und verrühren. **2** Für den Salat die **Kichererbsen** in ein Sieb abgießen, kalt abbrausen und abtropfen lassen. **Aprikosen** vierteln. Den **Fenchel** putzen, waschen und mit dem Grün in dünne Streifen hobeln. **Frühlingszwiebeln** putzen, waschen und in feine Röllchen schneiden. Die **Kräuter** waschen und trocken schütteln, Blätter und dünne Stängel fein hacken. **3** Alle vorbereiteten Zutaten in die Schüssel mit der Sauce geben, mischen und einige Minuten durchziehen lassen. Den Salat abschmecken und auf zwei Schalen verteilen.

Tipp Statt der hier angegebenen Sauce kannst du auch die leicht scharfe orientalische Salatsauce (siehe Seite 109) verwenden.

glutenfrei, sojafrei

BUCHWEIZENSALAT MIT ROTER BETE UND GRANATAPFEL

Buchweizen gehört zu den sogenannten Pseudogetreidearten. Die kleinen eckigen Körner sind glutenfrei, nährstoffreich und gelten ernährungsphysiologisch als wertvolles Lebensmittel. Der nussige Geschmack passt sowohl zu den erdigen Aromen von Roter Bete als auch zum fruchtigen Apfel und Granatapfel.

Zubereitungszeit 25 Minuten

Für 2 Personen

FÜR DEN SALAT
Salz
125 g Buchweizen
3 EL Haselnusskerne
¼ Granatapfel
1 rote Zwiebel
250 g gekochte Rote Bete (vakuumverpackt)
1 kleiner säuerlicher Apfel
3–4 Stängel Dill
3–4 Stängel Minze

FÜR DIE SAUCE
1 ½ EL Granatapfelsirup
3 EL Zitronensaft
3 EL Olivenöl
1 ½ TL Agavensirup
1 TL Ras el-Hanout (orientalische Gewürzmischung)
1 TL Chiliflocken
Salz

Nährwerte pro Person: 606 kcal
F 27 g, KH 76 g, B 10 g, EW 10 g

1 Für den Salat ausreichend **Salzwasser** in einem Topf zum Kochen bringen. Den **Buchweizen** hineingeben und 6–8 Minuten gar kochen. In ein Sieb abgießen, kalt abbrausen und abtropfen lassen. **2** Inzwischen die **Haselnüsse** grob hacken, in einer Pfanne ohne Fett kurz anrösten und abkühlen lassen. **3** Die **Granatapfelkerne** auslösen. **Zwiebel** schälen und in feine Streifen schneiden. Die **Roten Beten** abtropfen lassen und in dünne Spalten schneiden. Den **Apfel** waschen, vierteln, entkernen und in dünne Spalten schneiden. Alles mit Buchweizen und Nüssen in eine Schüssel geben und vermengen. **4** Für die Sauce **Granatapfelsirup, Zitronensaft, Olivenöl, Agavensirup, Ras el-Hanout, Chiliflocken** und etwas **Salz** verrühren. Die Sauce über den Salat träufeln, vermengen und einige Minuten ruhen lassen. **5** Währenddessen die **Kräuter** abbrausen, trocken schütteln, Blätter und dünne Stiele fein hacken und unter den Salat mischen. Zum Schluss abschmecken und auf zwei Teller verteilen.

Tipp Du hast die orientalische Salatsauce (siehe Seite 109) fertig im Kühlschrank? Dann kannst du auch diese als Sauce verwenden.

glutenfrei, sojafrei

RÖSTKARTOFFELSALAT MIT FRÜHLINGSGRÜNZEUG

Grünzeug – dieses Wort mag ich ebenso gern wie sämtliches Grün auf meinem Teller, ob Gemüse, Salat oder Kräuter, pinke Radieschen eingeschlossen. Nimm die „grünen" Zutaten als grobe Anregung und schau, was du gerade zur Hand hast und gern magst!

Zubereitungszeit 15 Minuten plus ca. 25 Minuten Backzeit und Abkühlzeit

Für 2 Personen

FÜR DEN SALAT
600 g kleine Kartoffeln (Drillinge)
1 EL Olivenöl
Salz
schwarzer Pfeffer aus der Mühle
⅓ Bund Radieschen
2 Frühlingszwiebeln
1 Handvoll Brunnenkresse
½ Bund Schnittlauch
2 EL Kresse (z. B. Daikonkresse)

FÜR DIE SAUCE
2 EL Olivenöl
2 EL Zitronensaft
½ TL abgeriebene Biozitronenschale
Salz
schwarzer Pfeffer aus der Mühle

Nährwerte pro Person: 363 kcal
F 16 g, KH 48 g, B 8 g, EW 8 g

1 Den Backofen auf 220 °C Ober-/Unterhitze (200 °C Umluft) vorheizen. **2** Für den Salat die **Kartoffeln** schrubben, ungeschält je nach Größe halbieren oder vierteln, auf ein Backblech geben, das **Olivenöl** darüberträufeln, **salzen, pfeffern** und mischen. Im vorgeheizten Ofen etwa 25 Minuten backen, bis sie richtig knusprig sind. **3** Inzwischen die **Radieschen** putzen, waschen, schönes Grün aufbewahren und die Radieschen in dünne Scheiben hobeln oder schneiden. **Frühlingszwiebeln** putzen, waschen und in dünne Röllchen schneiden. Die **Brunnenkresse** waschen, trocken schleudern und kleiner zupfen. Den **Schnittlauch** waschen, trocken schütteln und in Röllchen schneiden. Die **Kresse** abbrausen und trocken tupfen. **4** Für die Sauce das **Olivenöl** mit **Zitronensaft, Zitronenschale,** 2 EL Wasser, etwas **Salz** und **Pfeffer** verrühren. **5** Das Blech aus dem Ofen nehmen, die Kartoffeln in eine Schüssel geben, Sauce darüberträufeln und vermischen. Einige Minuten abkühlen lassen, dann Radieschen und das vorbereitete „Grünzeug" samt aufbewahrten Radieschenblättern locker untermischen und auf zwei Schalen verteilen.

Tipp Dazu passt als Topping Kräuter-Hanf-Sprinkle (siehe Seite 66), aber auch Haselnuss-Spinat-Pesto (siehe Seite 141) oder Olivenpesto (siehe Seite 140) schmeckt super dazu.

glutenfrei, frei von raffiniertem Zucker, sojafrei

WEISSE-BOHNEN-SALAT MIT KNUSPRIGEM FETA UND OLIVENSAUCE

Schon beim Zubereiten des Salats kommt in mir ein entspanntes Urlaubsgefühl hoch. Das kann nur an den mediterranen Zutaten liegen: weiße Bohnen, Oliven, Feta, Knoblauch und reichlich frische Kräuter.

Zubereitungszeit 30 Minuten

Für 2 Personen

FÜR DEN SALAT
250 g weiße Riesenbohnen aus der Dose (Abtropfgewicht)
2 Frühlingszwiebeln
1 Knoblauchzehe
1 Minigurke
1 kleine Ringelbete
1 Handvoll Babyspinat

FÜR DIE SAUCE
3 EL Zitronensaft
1 TL Ahornsirup
½ TL Dijonsenf
Salz
schwarzer Pfeffer aus der Mühle
3 EL Olivenöl
2–3 Stängel Minze
2–3 Stängel Dill
1 EL entsteinte schwarze Oliven

FÜR DEN FETA
150 g veganer Feta (auf Mandelbasis)
40 g Dinkelmehl (Type 630) oder Weizenmehl (Type 405)
80 ml ungesüßte Pflanzenmilch
50 g Panko (oder Semmelbrösel)
4–5 EL Pflanzenöl

Nährwerte pro Person: 856 kcal
F 53 g, KH 74 g, B 31 g, EW 25 g

1 Für den Salat die **Bohnen** in ein Sieb abgießen, kalt abbrausen und abtropfen lassen. Die **Frühlingszwiebeln** putzen, waschen und in dünne Röllchen schneiden. Die **Knoblauchzehe** schälen und fein hacken. Die **Gurke** waschen und in Scheiben schneiden. Die **Bete** schälen und in feine Scheiben hobeln. **2** Für die Sauce **Zitronensaft, Ahornsirup, Senf,** etwas **Salz, Pfeffer** und **Olivenöl** in einer Schüssel verrühren. Die **Kräuter** abbrausen, trocken schütteln, Blätter abzupfen und grob hacken. Die **Oliven** fein hacken und mit den Kräutern in die Sauce rühren. **3** Die vorbereiteten Salatzutaten in die Schüssel mit der Sauce geben, mischen und abgedeckt einige Minuten durchziehen lassen. **4** Währenddessen den **Feta** trocken tupfen und in etwa 1,5 cm breite Scheiben schneiden. **Mehl** und **Pflanzenmilch** in einem tiefen Teller verrühren, die **Pankobrösel** in einen zweiten Teller geben. Das **Pflanzenöl** in einer Pfanne erhitzen. Die Fetascheiben zuerst in die Mehlmischung tauchen, dann von beiden Seiten in die Pankobrösel drücken und im heißen Öl bei mittlerer Hitze von beiden Seiten knusprig braten. Auf Küchenpapier abtropfen lassen. **5** Inzwischen den **Spinat** waschen, trocken schleudern und unter den Salat mischen. Auf zwei Teller verteilen und den knusprigen Feta darauf anrichten.

frei von raffiniertem Zucker, sojafrei

ROTKOHLSALAT MIT GEBRATENEM TEMPEH

Tempeh – was war das noch mal? Genau: ein Lebensmittel aus fermentierten Sojabohnen, das etwas im Schatten von Tofu steht. Im Kühlregal findest du es meist direkt neben Tofu. Ich schätze den leichten Biss und greife für die schnelle Alltagsküche gern zu fix und fertig mariniertem Tempeh. Zu diesem asiatisch gewürzten Rotkohlsalat passt mit Curry gewürzter Tempeh gut.

Zubereitungszeit 25 Minuten

Für 2 Personen

FÜR DEN SALAT
250 g Rotkohl
Salz
15 g Ingwer
1 Knoblauchzehe
1 Bioorange
8 entsteinte Trockenpflaumen
2 EL Pekan- oder Walnusskerne
3–4 Stängel Koriander

FÜR DIE SAUCE
3 EL Apfelessig
2 EL Sojasauce
1 EL Ahornsirup
3 EL geröstetes Haselnuss- oder Walnussöl
½ TL Chiliflocken

FÜR DEN TEMPEH
200 g Tempeh (z. B. Curry-Tempeh)
1 EL Pflanzenöl

Nährwerte pro Person: 569 kcal
F 33 g, KH 34 g, B 11 g, EW 24 g

1 Für den Salat den **Rotkohl** waschen, in feine Streifen hobeln oder schneiden und in eine Schüssel geben. ½ TL **Salz** darüberstreuen und verkneten, damit der Kohl etwas weicher wird. **2** **Ingwer** und **Knoblauchzehe** schälen und fein hacken. Die **Orange** heiß waschen, trocken tupfen und die Schale fein abreiben. Dann die restliche Schale dick abschälen, sodass auch die weiße Haut mit entfernt wird. Die Frucht halbieren und in kleine Stücke schneiden. Die **Pflaumen** klein würfeln, die **Nüsse** grob hacken. Alles zum Rotkohl geben, auch den ausgetretenen Saft der Orange. **3** Für die Sauce **Essig, Sojasauce, Ahornsirup, Nussöl** und **Chiliflocken** verrühren, über die Kohlmischung geben und gut vermengen. **4** Den **Koriander** waschen, trocken schütteln, die Blätter abzupfen und grob hacken, die Stiele fein hacken und unterrühren. **5** Den **Tempeh** in knapp 1 cm dicke Scheiben schneiden. Das **Pflanzenöl** in einer Pfanne erhitzen und die Tempehscheiben darin von beiden Seiten kurz und kräftig anbraten. **6** Den Salat abschmecken und mit dem Tempeh auf zwei Tellern anrichten.

Tipp Falls du die Balsamico-Vinaigrette (siehe Seite 109) im Kühlschrank haben solltest, dann passt sie auch statt der hier angegebenen Sauce. Das Aroma ist zwar etwas anders, aber ebenso gut.

SPICY GURKEN-ERDNUSS-SALAT MIT TOFUHACK

Tofuhack? Klar, das gibt's mittlerweile auch fix und fertig zu kaufen. Ich mache es aber lieber selbst, das geht ruckzuck und bekommt durch Ingwer, Knoblauch und Sojasauce herrliche Würze, auch Chili spielt mit. Die Asien-Aromen passen richtig gut zum knackigen Salat und zur cremigen Erdnusssauce!

Zubereitungszeit 30 Minuten

Für 2 Personen

FÜR DAS TOFUHACK
20 g Ingwer
1 Knoblauchzehe
1 TL Sambal Oelek
3 EL Sojasauce
200 g Tofu Natur
1 EL Pflanzenöl

FÜR DIE SAUCE
2 EL Limettensaft
1 EL Sojasauce
1 TL geröstetes Sesamöl
1 TL Zucker
1 EL Erdnussmus

FÜR DEN SALAT
½ Salatgurke
1 rote Zwiebel
½ Bund Koriander
75 g geröstete, gesalzene Erdnusskerne

Nährwerte pro Person: 500 kcal
F 34 g, KH 16 g, B 6 g, EW 29 g

1 Für das Tofuhack **Ingwer** und **Knoblauchzehe** schälen und ganz fein hacken oder im Mörser zerstoßen. Die Hälfte davon in eine Schüssel geben und beiseitestellen. Den Rest in eine zweite Schüssel geben, **Sambal Oelek** und **Sojasauce** hinzufügen und verrühren. Den **Tofu** gut trocken tupfen, mit den Händen fein zerkrümeln, zur Marinade geben, mischen und bis zur Verwendung ziehen lassen. 2 In der Zwischenzeit für die Sauce **Limettensaft, Sojasauce, Sesamöl, Zucker** und **Erdnussmus** in die Schüssel mit der Ingwer-Knoblauch-Mischung geben und verrühren. 3 Für den Salat die **Gurke** waschen, längs halbieren, die Kerne herauskratzen und in 5 mm dicke Scheiben schneiden. Die **Zwiebel** schälen und in feine Streifen schneiden. Den **Koriander** waschen, trocken schütteln, die Blätter abzupfen und grob hacken, die Stiele fein hacken. **Erdnusskerne** grob hacken, mit Gurken, Zwiebeln und Koriander in die Schüssel mit der Sauce geben und vermengen. 4 Das **Pflanzenöl** in einer Pfanne erhitzen. Das Tofuhack mitsamt der Marinade hineingeben und bei mittlerer Hitze unter mehrmaligem Wenden 3–5 Minuten kräftig anbraten. 5 Noch warm zum Salat geben und untermischen.

RAFFINIERTES AUS DEM TOPF

HERZHAFTES STECKRÜBENMUS MIT BALSAMICO-WEINTRAUBEN

Wie schade, dass Steckrüben so selten auf den Tisch kommen, sie schmecken doch so gut! Zusammen mit Kartoffeln und Karotten bereite ich in der kalten Jahreszeit ein herzhaftes, grob gestampftes Mus zu.

Zubereitungszeit 25 Minuten

Für 2 Personen

FÜR DAS MUS
400 g Steckrübe
400 g mehligkochende Kartoffeln
200 g Karotten
Salz
100 ml Pflanzensahne
schwarzer Pfeffer aus der Mühle
2 Prisen frisch geriebene Muskatnuss

FÜR DIE BALSAMICO-WEINTRAUBEN
150 g Schalotten
1 EL Olivenöl
2 EL brauner Zucker
3 EL Balsamico-Essig
50 ml trockener Rotwein (alternativ roter Traubensaft)
1 Lorbeerblatt
1 kleiner Zweig Rosmarin
200 g kernlose blaue Weintrauben
2 EL Petersilienblätter
1–2 TL Speisestärke
Salz
schwarzer Pfeffer aus der Mühle

Nährwerte pro Person: 567 kcal
F 13 g, KH 87 g, B 12 g, EW 9 g

1 Für das Mus **Steckrübe, Kartoffeln** und **Karotten** schälen und in kleine Würfel schneiden. In einen Topf geben, mit Wasser bedecken, **salzen,** aufkochen und etwa 15 Minuten weich kochen. In ein Sieb abgießen, dabei etwas Kochwasser auffangen. Das Gemüse zurück in den Topf geben und mit dem Kartoffelstampfer zerstampfen (oder grob pürieren). **Pflanzensahne** und etwas Kochwasser unterrühren und mit **Salz, Pfeffer** und **Muskatnuss** abschmecken. Abgedeckt warm halten. 2 Inzwischen für die Balsamico-Weintrauben die **Schalotten** schälen und je nach Größe halbieren oder vierteln. Das **Olivenöl** in einer Pfanne erhitzen und die Schalotten darin rundum anbraten, bis sie leicht gebräunt sind. Mit **Zucker** bestreuen und kurz karamellisieren lassen. Mit **Balsamico-Essig** ablöschen, **Rotwein** und 150 ml Wasser angießen, **Lorbeerblatt** und **Rosmarin** hinzufügen und aufkochen. Bei niedriger Hitze etwa 10 Minuten abgedeckt köcheln lassen, bis die Schalotten weich sind. 3 Währenddessen die **Weintrauben** abbrausen und halbieren. **Petersilienblätter** fein hacken. Weintrauben und Petersilie unter die Schalotten rühren und einmal aufkochen lassen. **Speisestärke** mit 2 EL kaltem Wasser verrühren und die Sauce damit binden, dann mit **Salz** und **Pfeffer** abschmecken. 4 Das Steckrübenmus unter Rühren kurz erhitzen, auf zwei Teller geben und die Balsamico-Weintrauben darauf anrichten.

glutenfrei, sojafrei

CREMIGE KÜRBIS-POLENTA MIT STEINPILZEN

Kürbis-Polenta gibt's bei uns im Herbst nicht nur einmal, dafür schmeckt die orangene Sämigkeit einfach zu gut! Steinpilze sind meine liebsten Waldpilze, außerhalb der Saison brate ich Champignons, Austernpilze oder Kräuterseitlinge an.

Zubereitungszeit 25 Minuten

Für 2 Personen

FÜR DIE KÜRBIS-POLENTA
250 g Kürbisfruchtfleisch
300–400 ml Gemüsebrühe (siehe Seite 60; oder Fertigprodukt)
125 g Instant-Polenta
Salz
schwarzer Pfeffer aus der Mühle
1 Prise frisch geriebene Muskatnuss

FÜR DIE PILZE
250 g Steinpilze
1 kleine Zwiebel
1 Knoblauchzehe
2 EL Petersilienblätter
2 EL Olivenöl
Salz
schwarzer Pfeffer aus der Mühle

FÜR DAS TOPPING
2 EL Pinienkerne
2 EL veganes Kräuterpesto (z. B. Basilikumpesto oder Haselnuss-Spinat-Pesto, siehe Seiten 56 und 141; oder Fertigprodukt)
2 EL sehr gutes Olivenöl

Nährwerte pro Person: 704 kcal
F 33 g, KH 77 g, B 2 g, EW 16 g

1 Für die Kürbis-Polenta das **Kürbisstück** in Würfel schneiden. 300 ml **Gemüsebrühe** aufkochen, Kürbiswürfel hineingeben, abdecken und etwa 7 Minuten weich kochen. Dann mit dem Stabmixer in der Brühe pürieren. 2 Die **Polenta** unter ständigem Rühren in die heiße Kürbisflüssigkeit einrühren, aufkochen und bei niedriger Hitze etwa 5 Minuten ausquellen lassen, dabei immer wieder umrühren. Mit **Salz, Pfeffer** und **Muskatnuss** abschmecken und die Polenta abgedeckt warm halten. 3 Inzwischen die **Steinpilze** putzen und in Scheiben schneiden. **Zwiebel** und **Knoblauchzehe** schälen und fein würfeln. Die **Petersilienblätter** fein hacken. Das **Olivenöl** in einer großen Pfanne erhitzen, Pilze und Zwiebeln darin etwa 5 Minuten kräftig anbraten. Den Knoblauch dazugeben und ganz kurz mitdünsten. Die Petersilie dazugeben und mit **Salz** und **Pfeffer** würzen. 4 Für das Topping die **Pinienkerne** in einer Pfanne ohne Fett goldbraun rösten. Das **Pesto** mit dem **Olivenöl** verrühren. 5 Die Polenta kräftig durchrühren (eventuell noch etwas **Gemüsebrühe** unterrühren, wenn sie zu sehr eingedickt ist) und mit den Pilzen auf zwei Tellern anrichten. Mit dem Pesto-Öl beträufeln und mit den Pinienkernen bestreuen.

Tipp Serviere auch mal Apfel-Cranberry-Chutney (siehe Seite 169) dazu.

glutenfrei, frei von raffiniertem Zucker, sojafrei

WÜRZIGES WEISSKOHL-KARTOFFEL-CURRY MIT KOKOSDIP

Lass dich nicht von der längeren Zutatenliste abschrecken, das meiste sind Gewürze, die den heimischen Kohl mit exotischem Aroma verwöhnen. Zum deftigen Curry passen auch die Zwiebel- und Karotten-Pickles (siehe Seite 168).

Zubereitungszeit 30 Minuten

Für 2 Personen

FÜR DAS CURRY
4 getrocknete Shiitakepilze
350 g Weißkohl
10 g Ingwer
1 Knoblauchzehe
350 g vorwiegend festkochende Kartoffeln
2 Tomaten
1 EL Kokos- oder Pflanzenöl
1 TL braune Senfkörner
½ TL gemahlene Kurkuma
Salz
ca. 1 EL vegane indische Currypaste
ca. 800 ml Gemüsebrühe (siehe Seite 60; oder Fertigprodukt)
4–6 Stängel Koriander
2–3 TL Limettensaft
schwarzer Pfeffer aus der Mühle

FÜR DEN KOKOSDIP
2 EL Kokosflocken
150 g Kokosjoghurt
½ TL abgeriebene Biolimettenschale
Salz
schwarzer Pfeffer aus der Mühle

Nährwerte pro Person: 622 kcal
F 25 g, KH 77 g, B 13 g, EW 16 g

1 Für das Curry die **Shiitakepilze** in eine Schale geben, mit 200 ml kochendem Wasser überbrühen und einige Minuten einweichen lassen. **2** Inzwischen den **Weißkohl** waschen und in feine Streifen hobeln oder schneiden. **Ingwer** und **Knoblauchzehe** schälen und fein hacken. Die **Kartoffeln** schälen und in kleine Würfel schneiden. **Tomaten** waschen und klein würfeln, dabei die Stielansätze entfernen. Die Shiitakepilze aus dem Wasser nehmen, die Stiele entfernen, die Pilzköpfe in dünne Scheiben schneiden. **3** Das **Öl** in einem großen Topf oder Wok erhitzen und die **Senfkörner** darin kurz rösten, bis sie springen. Kohl, Ingwer, Knoblauch und **Kurkuma** hinzufügen und 3–4 Minuten kräftig anbraten. Kartoffeln, Tomaten und etwas **Salz** dazugeben und kurz anbraten. **Currypaste** und Shiitakepilze unterrühren, die **Gemüsebrühe** angießen, den Deckel auflegen und etwa 15 Minuten garen, dabei ab und zu umrühren. **4** Den **Koriander** abbrausen und trocken schütteln, Blätter und dünne Stängel fein hacken, unter das Gemüse rühren und das Curry mit **Limettensaft, Salz, Pfeffer** oder mehr **Currypaste** abschmecken. **5** Für den Kokosdip die **Kokosflocken** in einer Pfanne ohne Fett bei mittlerer Hitze anrösten, bis sie zu bräunen anfangen. In eine Schüssel geben, mit **Kokosjoghurt** und **Limettenschale** verrühren, mit **Salz** und **Pfeffer** abschmecken und in zwei Schälchen füllen. **5** Das Curry in zwei Schalen füllen und dazu den Kokosdip reichen.

Tipp Für dieses Curry passt statt normaler Gemüsebrühe die asiatisch duftende Gemüsebrühe (siehe Seite 60) besonders gut.

glutenfrei, frei von raffiniertem Zucker, sojafrei

TOMATENRISOTTO MIT KARAMELLISIERTEN KIRSCHTOMATEN UND RADICCHIO

Ein sämiges Risotto ist ein Garant für ein Wohlfühlessen, schnell fertig ist es außerdem auch. Wen wundert's, dass ich häufiger den Holzlöffel durch cremigen Reis rühre?

Zubereitungszeit 25 Minuten

Für 2 Personen

FÜR DAS RISOTTO
1 Schalotte
1–2 Knoblauchzehen
ca. 500 ml Gemüsebrühe (siehe Seite 60; oder Fertigprodukt)
1 EL Olivenöl
200 g Risottoreis
60 ml Weißwein (alternativ 50 ml Wasser und 1 EL Zitronensaft)
2 EL Tomatenmark
1 Lorbeerblatt
Salz
schwarzer Pfeffer aus der Mühle

FÜR DAS GEMÜSE
200 g Kirschtomaten
1 kleiner Radicchio (ca. 125 g)
1 EL Olivenöl
1 ½ EL Ahornsirup
3 EL Balsamico-Essig
½ TL Chiliflocken
Salz

FÜR DAS TOPPING
2 EL veganer Streukäse (z. B. Cashew-Streukäse, siehe Seite 86; oder Fertigprodukt)
1 EL Basilikumblätter

Nährwerte pro Person: 668 kcal
F 17 g, KH 107 g, B 5 g, EW 12 g

1 Für das Risotto **Schalotte** und **Knoblauchzehe(n)** schälen und fein würfeln. Die **Gemüsebrühe** erhitzen. **2** Das **Olivenöl** in einem Topf erhitzen, die Schalottenwürfel darin glasig dünsten. Den Knoblauch dazugeben und kurz mitdünsten. Den **Reis** einrühren, mit **Weißwein** ablöschen und kurz einkochen lassen. Das **Tomatenmark** unterrühren, dann eine Kelle heiße Gemüsebrühe, das **Lorbeerblatt,** etwas **Salz** und **Pfeffer** dazugeben und aufkochen. Das Risotto insgesamt 18–20 Minuten unter Rühren köcheln lassen, bis es dickflüssig-sämig ist, dabei immer wieder etwas heiße Gemüsebrühe dazugießen. **3** Inzwischen die **Kirschtomaten** waschen und halbieren. **Radicchio** waschen und in Streifen schneiden. Das **Olivenöl** in einer Pfanne erhitzen. Die Tomaten hineingeben und bei mittlerer Hitze 2 Minuten rundum anbraten. Mit **Ahornsirup** beträufeln und kurz karamellisieren lassen. Mit dem **Balsamico-Essig** beträufeln, den Radicchio dazugeben und kurz unter Rühren zusammenfallen lassen. Mit **Chiliflocken** und **Salz** würzen. **4** Das Risotto mit **Salz** und **Pfeffer** abschmecken, auf zwei Schalen oder tiefe Teller verteilen und das Tomaten-Radicchio-Gemüse daraufgeben. Mit **Streukäse** und **Basilikumblättern** toppen.

glutenfrei, frei von raffiniertem Zucker, sojafrei

HASELNUSS-POLENTA MIT GEBRATENEM CHICORÉE

Eine cremige Polenta ist an sich schon etwas Feines, den besonderen Dreh bekommt der Maisbrei hier durch Haselnüsse und Thymian – unbedingt ausprobieren und staunen, wie fein eine schnelle Polenta schmecken kann!

Zubereitungszeit ca. 25 Minuten

Für 2 Personen

FÜR DIE POLENTA
Salz
2 Prisen frisch geriebene Muskatnuss
100 g Instant-Polenta
50 g gemahlene Haselnusskerne
schwarzer Pfeffer aus der Mühle

FÜR DEN CHICORÉE
3–4 Chicorée
1 EL Olivenöl
1 EL Ahornsirup
2 EL Balsamico-Essig
2 TL Thymianblättchen
75 ml Gemüsebrühe (siehe Seite 60; oder Fertigprodukt)
Salz
schwarzer Pfeffer aus der Mühle

FÜR DAS HASELNUSSÖL
2 EL Haselnusskerne
1 EL Olivenöl
1 EL Ahornsirup

Nährwerte pro Person: 593 kcal
F 33 g, KH 58 g, B 5 g, EW 12 g

❶ Für die Polenta 500 ml Wasser, ½ TL **Salz** und **Muskatnuss** aufkochen. **Polenta** und **Haselnüsse** einrühren und unter Rühren 2 Minuten kochen. Vom Herd nehmen, den Deckel auflegen und 5–10 Minuten ausquellen lassen. Die Polenta mit **Salz** und **Pfeffer** abschmecken. ❷ Inzwischen die **Chicorée** waschen, die Enden so abschneiden, dass die Blätter noch zusammenhalten, dann längs halbieren. Das **Olivenöl** in einer großen Pfanne erhitzen. Die Chicoréehälften mit den Schnittflächen hineingeben und bei mittlerer Hitze von beiden Seiten insgesamt 3–4 Minuten kräftig anbraten. ❸ Mit dem **Ahornsirup** beträufeln, kurz karamellisieren lassen, dann mit **Balsamico-Essig** ablöschen, 1 TL **Thymian** dazugeben und die **Gemüsebrühe** angießen. Abdecken und bei niedriger Hitze etwa 5 Minuten leise köcheln lassen, bis die Chicoréehälften weich sind, dabei nach der Hälfte der Garzeit wenden. Mit **Salz** und **Pfeffer** abschmecken. ❹ In der Zwischenzeit für das Haselnussöl die **Haselnüsse** grob hacken. Das **Olivenöl** in einer kleinen Pfanne erhitzen und die Nüsse darin kurz anrösten. Mit dem **Ahornsirup** beträufeln und die Pfanne sofort vom Herd nehmen. ❺ Die Polenta unter kräftigem Rühren erwärmen (ist sie zu fest, noch etwas kochendes Wasser unterrühren), auf zwei Teller verteilen, die Chicorée darauf anrichten, das Haselnussöl darübergeben und mit übrigem **Thymian** bestreuen.

Tipp Dazu passt als fruchtige Komponente Apfel-Cranberry-Chutney (siehe Seite 169).

glutenfrei, frei von raffiniertem Zucker, sojafrei

BÄRLAUCHRISOTTO MIT GEBRATENEM WEISSEM SPARGEL

Wenn's im März und April Bärlauch gibt, vergeht bei mir kaum ein Tag ohne ein bärlauchgrünes Essen. Das cremige Bärlauchrisotto ist eines meiner liebsten Bärlauchrezepte.

Zubereitungszeit 30 Minuten

Für 2 Personen

FÜR DAS RISOTTO
75 g Bärlauch
500–600 ml Spargelfond (oder Gemüsebrühe, siehe Seite 60; oder Fertigprodukt)
1 Schalotte
1 EL Olivenöl
200 g Risottoreis
60 ml Weißwein (alternativ Wasser und 1 EL Zitronensaft)
Salz
schwarzer Pfeffer aus der Mühle
1 Prise frisch geriebene Muskatnuss
ca. 1 TL Zitronensaft

FÜR DEN SPARGEL
500 g weißer oder violetter Spargel
2 EL Olivenöl
Salz
schwarzer Pfeffer aus der Mühle
1 TL Zitronensaft

FÜR DAS TOPPING
2–3 EL Kräuter-Hanf-Sprinkle (siehe Seite 66)

Nährwerte pro Person: 559 kcal
F 17 g, KH 85 g, B 7 g, EW 13 g

1 Für das Risotto den **Bärlauch** waschen, trocken schütteln und grob hacken. Mit 6 EL Wasser in einen Mixbecher geben, mit dem Stabmixer fein pürieren und beiseitestellen. **2** Den **Spargelfond** erhitzen. Die **Schalotte** schälen und fein würfeln. Das **Olivenöl** in einem Topf erhitzen und die Schalotten darin glasig dünsten. Den **Risottoreis** einrühren. Mit **Weißwein** ablöschen, kurz einkochen lassen, dann etwas heißen Spargelfond angießen. Aufkochen und den Reis insgesamt 18–20 Minuten kochen, dabei immer wieder etwas Spargelfond dazugießen und häufig umrühren, so wird das Risotto schön cremig. **3** Das Bärlauchpüree unterrühren und das Risotto mit **Salz, Pfeffer, Muskatnuss** und **Zitronensaft** abschmecken. **4** Inzwischen den **Spargel** waschen, dünn schälen, die holzigen Enden abschneiden und Spargel schräg in etwa 3 cm kurze Stücke schneiden. Das **Olivenöl** in einer Pfanne erhitzen und den Spargel darin bei mittlerer Hitze rundum etwa 5 Minuten anbraten. Mit **Salz, Pfeffer** und **Zitronensaft** würzen. **5** Das Risotto auf zwei Schalen verteilen, den Spargel daraufgeben und mit dem **Kräuter-Hanf-Sprinkle** bestreuen.

Tipp Aus den Spargelschalen kannst du einen Spargelfond kochen: Schalen in einen Topf geben, mit Wasser bedecken, leicht salzen, aufkochen und etwa 20 Minuten köcheln lassen. Dann durch ein Sieb gießen und den Fond auffangen – fertig!

glutenfrei, frei von raffiniertem Zucker, sojafrei

SCHNELLE PESTOS

SCHARFES TOMATENPESTO

glutenfrei, frei von raffiniertem Zucker, sojafrei

Für 2–3 Personen 30 g Pinienkerne in einer Pfanne goldbraun anrösten. 1 Knoblauchzehe schälen. Pinienkerne, Knoblauch, 100 g getrocknete Tomaten (in Öl), 4 EL Basilikumblätter, ½ TL Chiliflocken und 1 EL Tomatenmark im Blitzhacker oder mit dem Stabmixer nicht zu fein pürieren. Von den getrockneten Tomaten etwa 4 EL Öl unterrühren und mit Salz abschmecken. Das Pesto in ein Schraubglas füllen, mit etwas Olivenöl bedecken und verschließen. Es ist im Kühlschrank etwa 1 Woche haltbar und passt als Topping unter anderem zu Spinat-Brokkoli-Pasta (siehe Seite 97), Fächerkartoffeln (siehe Seite 163) und Gnocchi (siehe Seite 17).

Nährwerte pro Person: 138 kcal (F 10 g, KH 9 g, B 1 g, EW 4 g)

MEDITERRANES GRÜNES OLIVENPESTO

glutenfrei, frei von raffiniertem Zucker, sojafrei

Für 2 Personen 100 g entsteinte grüne Oliven und 1 EL Kapern abtropfen lassen. 1 Knoblauchzehe schälen und grob hacken. Je 3 Stängel Petersilie und Basilikum waschen, trocken schütteln und die Blätter abzupfen. Oliven, Kapern, Knoblauch, Kräuter, 1 TL abgeriebene Biozitronenschale und 50 ml Olivenöl im Blitzhacker oder mit dem Stabmixer nicht zu fein pürieren, dann mit ½ TL Piment d'Espelette oder Chiliflocken würzen. Das Pesto in ein Schraubglas füllen, mit etwas Olivenöl bedecken und verschließen. Es ist im Kühlschrank mindestens 1 Woche haltbar und passt als Topping unter anderem zu Minestrone (siehe Seite 56), Kichererbsen-Buletten (siehe Seite 34) und Fächerkartoffeln (siehe Seite 163).

Nährwerte pro Person: 314 kcal (F 33 g, KH 4 g, B 3 g, EW 1 g)

KNUSPRIGES HASELNUSS-SPINAT-PESTO

glutenfrei, frei von raffiniertem Zucker, sojafrei

Für 4 Personen 50 g Haselnusskerne in einer Pfanne bei niedriger bis mittlerer Hitze leicht anrösten, bis sich die Häutchen lösen. Die Nüsse in ein Küchentuch geben, die Häutchen damit abrubbeln, abkühlen lassen und grob hacken. 50 g Babyspinat waschen und trocken schütteln. 1 Knoblauchzehe schälen und grob hacken. Nüsse, Spinat, Knoblauch und 100–125 ml Olivenöl im Blitzhacker oder mit dem Stabmixer nicht zu fein pürieren. Mit Salz und schwarzem Pfeffer aus der Mühle abschmecken. Das Pesto in ein Schraubglas füllen, mit etwas Olivenöl bedecken und verschließen. Es ist im Kühlschrank etwa 1 Woche haltbar und passt als Topping zu Kürbis-Polenta (siehe Seite 131) und Ofen-Weißkohl (siehe Seite 164).

Nährwerte pro Person: 304 kcal (F 33 g, KH 2 g, B 0 g, EW 2 g)

GEMÜSIGES KÜRBISPESTO

glutenfrei, frei von raffiniertem Zucker, sojafrei

Für 3–4 Personen 2 EL Kürbiskerne in einer Pfanne ohne Fett leicht anrösten, abkühlen lassen und grob hacken. 300 g Hokkaido-Kürbis entkernen und grob hacken. 1 Knoblauchzehe schälen und fein hacken. Die Kürbisraspel in einer Pfanne in 3 EL Olivenöl etwa 2 Minuten anbraten, Knoblauch kurz mit anbraten und abkühlen lassen. 3 EL Petersilienblätter fein hacken und dazugeben. 4 EL Olivenöl, 3 EL Kürbiskernöl und Kürbiskerne untermischen, salzen und pfeffern. Das Pesto in ein Schraubglas füllen, mit etwas Olivenöl bedecken und verschließen. Es ist im Kühlschrank 2–3 Tage haltbar und passt als Topping zu Pasta mit Rosenkohl (siehe Seite 82) und Gnocchi (siehe Seite 17).

Nährwerte pro Person: 273 kcal (F 28 g, KH 5 g, B 2 g, EW 3 g)

INGWERSCHARFES TIKKA MASALA MIT TOFU

Den Tofu für das indische Curry kannst du schon mehrere Stunden vor dem Kochen einlegen, so kann die Marinade gut in die Stücke (tikka) einziehen. Aber auch in der schnellen Variante, wie ich sie im Rezept beschrieben habe, schmeckt das Masala, was so viel wie Gewürzzubereitung bedeutet, wunderbar pikant.

Zubereitungszeit 25 Minuten

Für 2 Personen

FÜR DEN TOFU

300 g Tofu (Natur oder „indisch" gewürzt)
100 g Pflanzenjoghurt
½ TL gemahlene Kurkuma
2 TL Garam Masala (indische Gewürzmischung)
1 EL Pflanzenöl

FÜR DIE TOMATENSAUCE

1 Zwiebel
15–20 g frischer Ingwer
1 Knoblauchzehe
1 kleine rote Chili
4 Tomaten
1 EL Pflanzenöl
1 TL Garam Masala (indische Gewürzmischung)
½ TL gemahlene Kurkuma
½ TL rosenscharfes Paprikapulver
1 Prise gemahlener Zimt
2 EL Tomatenmark
Salz

FÜR DAS TOPPING

3 EL Korianderblätter
2–4 EL Pflanzenjoghurt (z. B. Kokosjoghurt)
1 EL schwarze Sesamsaat

Nährwerte pro Person: 464 kcal
F 28 g, KH 15 g, B 6 g, EW 31 g

❶ Den **Tofu** gut ausdrücken, trocken tupfen und grob in Würfel schneiden. **Pflanzenjoghurt, Kurkuma** und **Garam Masala** in einer Schüssel verrühren, die Tofuwürfel unter die Marinade mischen und beiseitestellen. ❷ Für die Tomatensauce **Zwiebel, Ingwer** und **Knoblauchzehe** schälen und fein würfeln. Die **Chili** waschen, entkernen und fein hacken. **Tomaten** waschen und in kleine Würfel schneiden, dabei die Stielansätze entfernen. ❸ Das **Pflanzenöl** in einer Pfanne erhitzen, Zwiebeln, Ingwer, Knoblauch und Chili darin andünsten. Die **Gewürze** dazugeben und unter Rühren 1 Minute mitdünsten. **Tomatenmark** unterrühren und Tomaten hinzufügen. 300 ml Wasser angießen, leicht **salzen,** aufkochen und 5 Minuten bei niedriger Hitze köcheln lassen. ❹ Das **Pflanzenöl** für den Tofu in einer zweiten Pfanne erhitzen. Die Marinade etwas abstreifen und die Tofuwürfel bei großer Hitze rundum kräftig anbraten. Die übrige Marinade mit der Tomatensauce dazugeben und 2–3 Minuten offen köcheln lassen. Falls die Sauce zu sehr eingekocht ist, etwas Wasser unterrühren, dann abschmecken. ❺ Für das Topping die **Korianderblätter** zerzupfen. Das Tikka Masala auf zwei Schalen verteilen, mit dem **Joghurt** toppen und mit Koriander und **Sesam** bestreuen.

Tipp Dazu passt Basmatireis.

glutenfrei, frei von raffiniertem Zucker

PALAK MIT TOFU-PANEER – SPINATCURRY MIT TOFU

Palak Paneer ist ein beliebter Klassiker der nordindischen Küche – ein Curry, dessen Hauptkomponenten Spinat (palak) und schnittfester Frischkäse aus Kuhmilch (paneer) sind. Für diese vegane Variante ersetze ich Paneer durch Tofu. Basmatireis oder Naan-Brote passen gut dazu, ebenso wie Zwiebel- und Karotten-Pickles (siehe Seite 168).

Zubereitungszeit 20 Minuten

Für 2 Personen

500 g frischer Spinat
1 Zwiebel
2 Knoblauchzehen
10 g Ingwer
400 g Tofu Natur
2–3 EL Kokos- oder Pflanzenöl
1 gehäufter TL Garam Masala (indische Gewürzmischung)
1 TL gemahlener Kreuzkümmel
½ TL gemahlene Kurkuma
1 kräftige Prise gemahlener Zimt
250 ml Kokosmilch aus der Dose
Salz
schwarzer Pfeffer aus der Mühle

Nährwerte pro Person: 682 kcal
F 51 g, KH 11 g, B 9 g, EW 41 g

1 Reichlich Wasser in einem großen Topf zum Kochen bringen. **Spinat** putzen, waschen, abtropfen lassen, dann ins kochende Wasser geben und einmal aufkochen. In ein Sieb abgießen, kalt abbrausen und abtropfen lassen. **Zwiebel, Knoblauchzehen** und **Ingwer** schälen, mit dem Spinat in einen Mixbecher geben und mit dem Stabmixer zu einer Paste mixen. **2** Den **Tofu** gut trocken tupfen und in Würfel schneiden. Das **Öl** in einer Pfanne erhitzen und die Tofuwürfel darin 4–5 Minuten rundum goldbraun anbraten. Mit den **Gewürzen** bestäuben. 4 EL **Kokosmilch** beiseitestellen, den Rest mit der Spinatpaste zum Tofu geben, mit **Salz** und **Pfeffer** würzen, aufkochen und 2–3 Minuten köcheln lassen. Falls die Sauce zu dickflüssig ist, etwas Wasser unterrühren. **3** Abschmecken, in zwei Schalen füllen und mit der beiseitegestellten Kokosmilch beträufeln.

glutenfrei, frei von raffiniertem Zucker

GRAUPENRISOTTO MIT SCHWARZKOHL

Graupenrisotto wird manchmal auch als Orzotto bezeichnet. Es ist nichts anderes als ein Risotto, nur dass es nicht mit Reis, sondern mit Gerstengraupen zubereitet wird. Graupen sind wie gemacht für die schnelle Küche. Sie nehmen es dir, anders als Reis, auch nicht übel, wenn du sie einige Minuten länger kochst, denn sie behalten auch dann noch ihren Biss.

Zubereitungszeit 30 Minuten

Für 2 Personen

FÜR DAS GRAUPENRISOTTO
ca. 500 ml Gemüsebrühe (siehe Seite 60; oder Fertigprodukt)
1 kleine Zwiebel
1 Knoblauchzehe
6 getrocknete Tomaten (in Öl eingelegt)
1 EL Olivenöl
150 g Perlgraupen
60 ml trockener Weißwein (alternativ 50 ml Wasser und 1 EL Zitronensaft)
Salz
schwarzer Pfeffer aus der Mühle
2 EL Cashewmus
1 TL Chiliflocken
1 Prise frisch geriebene Muskatnuss

FÜR DEN SCHWARZKOHL
250 g Schwarzkohl (auch Palmkohl oder Cavolo nero genannt)
1 EL Olivenöl
Salz
schwarzer Pfeffer aus der Mühle
1 EL Zitronensaft

FÜR DAS TOPPING
2–3 EL veganer Streukäse (z. B. Walnuss-Streukäse, siehe Seite 87; oder Fertigprodukt)

Nährwerte pro Person: 654 kcal
F 24 g, KH 83 g, B 6 g, EW 16 g

1 Für das Graupenrisotto die **Gemüsebrühe** erhitzen. **Zwiebel** und **Knoblauchzehe** schälen und fein würfeln. Die **Tomaten** abtropfen lassen und fein würfeln. **2** **Olivenöl** in einem Topf erhitzen, Zwiebeln und Knoblauch darin kurz andünsten. Die **Graupen** dazugeben und kurz mitdünsten. Mit dem **Weißwein** ablöschen und so viel heiße Gemüsebrühe angießen, dass die Graupen bedeckt sind. Tomaten dazugeben, mit **Salz** und **Pfeffer** würzen, dann bei niedriger Hitze 15 Minuten köcheln lassen, bis die Graupen gar sind, dabei immer wieder etwas heiße Brühe dazugeben und häufig umrühren. **3** Das **Cashewmus** unterrühren, das macht das Graupenrisotto schön cremig. Sollte es zu fest sein, noch etwas Gemüsebrühe unterrühren. Mit **Salz, Pfeffer, Chiliflocken** und **Muskatnuss** abschmecken. **4** Inzwischen den **Schwarzkohl** putzen, waschen und in etwa 2 cm breite Streifen schneiden, dabei dicke Blattrippen entfernen. Das **Olivenöl** in einer Pfanne erhitzen und den Kohl darin bei mittlerer Hitze rundum kräftig anbraten, bis er leicht gebräunt und gar ist. Mit **Salz, Pfeffer** und **Zitronensaft** abschmecken. **5** Das Graupenrisotto durchrühren, mit dem Schwarzkohl auf zwei Tellern anrichten und mit dem **Streukäse** toppen.

frei von raffiniertem Zucker, sojafrei

KICHERERBSEN-GEMÜSE-TOPF MIT OLIVEN UND SALZZITRONE

Wie ich die nordafrikanische Küche mit ihren herrlichen Aromen liebe! Dir geht's genauso? Dann probiere doch mal diesen würzigen Eintopf.

Zubereitungszeit 15 Minuten plus ca. 12 Minuten Garzeit

Für 2 Personen

1 große Karotte
1 kleiner Fenchel
1 kleine Zwiebel
1 Knoblauchzehe
250 g Kichererbsen aus dem Glas (Abtropfgewicht)
2 EL Olivenöl
2 TL Ras el-Hanout (orientalische Gewürzmischung)
2 TL Zucker
250 g passierte Tomaten (Tomatenpassata)
2 EL entsteinte schwarze Oliven
Salz
schwarzer Pfeffer aus der Mühle
½ Salzzitrone
2 EL Rosinen
3–4 Stängel Dill

Nährwerte pro Person: 422 kcal
F 18 g, KH 45 g, B 14 g, EW 13 g

❶ Die **Karotte** schälen und in dünne Scheiben schneiden. Den **Fenchel** putzen, waschen und mit dem Grün in dünne Streifen schneiden. **Zwiebel** und **Knoblauchzehe** schälen und fein würfeln. Die **Kichererbsen** in ein Sieb abgießen, kalt abbrausen und abtropfen lassen. ❷ Das **Olivenöl** in einem Topf erhitzen, Karotten, Fenchel und Zwiebeln darin bei mittlerer Hitze etwa 3 Minuten anbraten. Knoblauch, **Ras el-Hanout** und **Zucker** dazugeben und kurz mitdünsten. Kichererbsen, **Tomaten, Oliven,** 300 ml Wasser, etwas **Salz** und **Pfeffer** dazugeben und aufkochen. Den Deckel auflegen und bei niedriger Hitze etwa 7 Minuten köcheln lassen. ❸ Von der **Salzzitrone** das Fruchtfleisch entfernen und nur die Schale in dünne Streifen schneiden. Salzzitrone und **Rosinen** unter das Gemüse rühren und abgedeckt bei sehr niedriger Hitze 5 Minuten köcheln lassen. ❹ Den **Dill** abbrausen, trocken schütteln und die Spitzen abzupfen. Den Kichererbsen-Gemüse-Topf abschmecken, in zwei Schalen füllen und mit dem Dill bestreuen.

Tipp Dazu passt Couscous und als Topping das nussige Dukkah (siehe Seite 66).

glutenfrei, sojafrei

BUCHWEIZENRISOTTO MIT GEBRATENEM KÜRBIS UND BIRNE

Buchweizen soll seinen Namen aufgrund der bucheckerförmigen Samen und weizenähnlichen Inhaltsstoffe erhalten haben. Die gesunden Körner sind glutenfrei, nährstoffreich, schmecken schön nussig und ergeben zusammen mit Kürbis und Birne ein herbstliches Wohlfühlessen.

Zubereitungszeit 30 Minuten

Für 2 Personen

FÜR DAS BUCHWEIZENRISOTTO
ca. 400 ml Gemüsebrühe (siehe Seite 60; oder Fertigprodukt)
1 kleine Zwiebel
1 Knoblauchzehe
1 EL Olivenöl
200 g Buchweizen
75 ml Weißwein (alternativ 65 ml Gemüsebrühe und 1 EL Zitronensaft)
1 EL dunkles Miso (z. B. Hatcho Miso)
Salz
schwarzer Pfeffer aus der Mühle

FÜR DEN KÜRBIS
400 g Kürbisfruchtfleisch
1 kleine reife Birne
2 EL Olivenöl
1–2 EL Zitronensaft
1 EL Ahornsirup
Salz
schwarzer Pfeffer aus der Mühle
2 TL Thymianblättchen

FÜR DAS TOPPING
2–3 EL veganer Streukäse (z. B. Sonnenblumenkern-Streukäse, siehe Seite 87; oder Fertigprodukt)

Nährwerte pro Person: 795 kcal
F 23 g, KH 123 g, B 7 g, EW 15 g

1 Für das Buchweizenrisotto die **Gemüsebrühe** erhitzen. **Zwiebel** und **Knoblauchzehe** schälen und fein würfeln. Das **Olivenöl** in einem Topf erhitzen, Zwiebeln und Knoblauch darin andünsten. Den **Buchweizen** unterrühren, mit **Weißwein** ablöschen und so viel heiße Brühe angießen, dass der Buchweizen bedeckt ist. **Miso** unterrühren, leicht **salzen** und **pfeffern,** dann bei niedriger Hitze etwa 15 Minuten köcheln lassen, bis der Buchweizen gar ist, dabei immer wieder etwas heiße Gemüsebrühe dazugeben und häufig umrühren. **2** Inzwischen den **Kürbis** in etwa 3 mm dünne Spalten schneiden. **Birne** waschen, vierteln, entkernen und in dünne Spalten schneiden. **3** Das **Olivenöl** in einer großen Pfanne erhitzen und die Kürbisspalten darin von beiden Seiten 2–3 Minuten kräftig anbraten. Die Birnen dazugeben und kurz mitbraten, bis alles gut gebräunt ist. Mit **Zitronensaft** und **Ahornsirup** beträufeln, mit **Salz, Pfeffer** und **Thymian** würzen und abgedeckt beiseitestellen. **4** Zum Ende der Risottogarzeit die Kürbis-Birne-Mischung locker unter das Risotto heben und mit **Salz** und **Pfeffer** abschmecken. In zwei Schalen füllen und mit dem **Streukäse** toppen.

glutenfrei, frei von raffiniertem Zucker

HEISS GELIEBTES AUS DEM OFEN

PAPRIKA MIT QUINOA-FETA-FÜLLUNG

Die Spitzpaprika fülle ich mit bunter Quinoa, die durch reichlich Kräuter, Knoblauch, Pinienkerne und Zitrone ein mediterranes Aroma bekommt.

Zubereitungszeit 25 Minuten plus ca. 25 Minuten Backzeit

Für 2 Personen

125 g bunte Quinoa
Salz
500 g rote Spitzpaprika
1 Knoblauchzehe
3/4 TL Fenchelsamen
4 getrocknete Tomaten (in Öl eingelegt)
je 4–5 Stängel Basilikum und Petersilie
100 g veganer Feta (auf Mandelbasis)
75 g vegane Crème fraîche
2 EL Pinienkerne
1 TL abgeriebene Biozitronenschale
schwarzer Pfeffer aus der Mühle
1 TL Chiliflocken
150 g Kirschtomaten
250 ml Gemüsebrühe (siehe Seite 60; oder Fertigprodukt)
4–6 Zweige Thymian

Nährwerte pro Person: 789 kcal
F 37 g, KH 87 g, B 7 g, EW 27 g

❶ Die **Quinoa** in ein feines Sieb geben, unter fließendem Wasser gründlich abbrausen, dann in **Salzwasser** 10–15 Minuten kochen. In das Sieb abgießen und abtropfen lassen. ❷ Inzwischen die **Paprika** waschen, längs einen Keil herausschneiden und entkernen. Das herausgeschnittene Paprikafruchtfleisch in kleine Würfel schneiden. ❸ Die **Knoblauchzehe** schälen und fein hacken. **Fenchelsamen** grob mörsern. **Tomaten** abtropfen lassen und klein schneiden. Die **Kräuter** waschen und trocken schütteln, Blätter und dünne Stängel fein hacken. Den **Feta** zerbröseln. ❹ Quinoa, gewürfelte Paprika, Knoblauch, Fenchelsamen, getrocknete Tomaten, Kräuter, Feta, **Crème fraîche, Pinienkerne** und **Zitronenschale** in eine Schüssel geben, vermischen und mit **Salz, Pfeffer** und **Chiliflocken** würzen. ❺ In der Zwischenzeit den Backofen auf 200 °C Ober-/Unterhitze (180 °C Umluft) vorheizen. ❻ Die Füllung mit einem Teelöffel in die Paprika geben und leicht andrücken. Die gefüllten Paprika nebeneinander in eine große Auflaufform setzen. Die **Kirschtomaten** abbrausen und um die Paprika herum in die Form legen. **Gemüsebrühe** angießen und den **Thymian** dazugeben. Im vorgeheizten Ofen (Mitte) etwa 25 Minuten backen.

glutenfrei, frei von raffiniertem Zucker, sojafrei

GOLDGELBE POLENTAPIZZA MIT TOMATEN UND ARTISCHOCKEN

Kein Hefeteig, sondern Maisgrieß bildet die Basis für den saftigen Belag, den du nach Lust und Laune variieren kannst.

Zubereitungszeit 20–25 Minuten plus ca. 15 Minuten Backzeit

Für 2 Personen

FÜR DIE POLENTA
etwas Olivenöl
200 ml ungesüßte Pflanzenmilch
Salz
schwarzer Pfeffer aus der Mühle
150 g Instant-Polenta

FÜR DEN BELAG
200 g in Lake oder Öl eingelegte Artischockenherzen aus der Dose
2 EL eingelegte Kapernäpfel aus dem Glas
2–3 Tomaten
1 Knoblauchzehe
100 g veganer Feta (auf Mandelbasis)
2 EL Pinienkerne
2 EL Olivenöl
1 TL getrockneter Oregano
Salz
schwarzer Pfeffer aus der Mühle
1 EL Oreganoblättchen

Nährwerte pro Person: 626 kcal
F 28 g, KH 83 g, B 1 g, EW 17 g

❶ Den Backofen auf 200 °C Ober-/Unterhitze (180 °C Umluft) vorheizen. ❷ Für die Polenta ein Backblech mit etwas **Olivenöl** bestreichen. **Pflanzenmilch,** 300 ml Wasser, ½ TL **Salz** und **Pfeffer** aufkochen. Die **Polenta** mit einem Schneebesen einrühren, Hitze reduzieren und die Polenta 2–3 Minuten zu einem dicken Brei kochen, dabei ständig rühren. Polenta abschmecken und auf dem Blech etwa 1 cm dick zu einem etwa 28 cm großen Kreis verstreichen. ❸ Für den Belag **Artischocken** und **Kapernäpfel** abtropfen lassen und die Artischockenherzen halbieren. **Tomaten** waschen und in Scheiben schneiden, dabei die Stielansätze entfernen. Das Gemüse gleichmäßig auf der Polenta verteilen. Die **Knoblauchzehe** schälen und in dünne Scheiben schneiden, den **Feta** klein würfeln. Knoblauch, Feta, **Pinienkerne, Olivenöl, getrockneten Oregano,** etwas **Salz** und **Pfeffer** vermischen und auf dem Gemüse verteilen. Das Backblech in den vorgeheizten Ofen (Mitte) schieben und etwa 15 Minuten backen. ❹ Die Polentapizza aus dem Backofen nehmen, in Stücke schneiden, mit **Oreganoblättchen** bestreuen und genießen.

glutenfrei, frei von raffiniertem Zucker, sojafrei

OFEN-AUBERGINE MIT GERÖSTETER PAPRIKASALSA

Das mediterrane Gemüse liegt auf einer cremigen Joghurtsauce. Als Beilage machen sich Hirse oder Quinoa, Couscous oder Bulgur gut, das gart sich ganz locker nebenher.

Zubereitungszeit 20 Minuten plus ca. 30 Minuten Backzeit

Für 2 Personen

FÜR AUBERGINEN UND SALSA
2 Auberginen (à ca. 300 g)
Salz
schwarzer Pfeffer aus der Mühle
3–4 EL Olivenöl
2 rote Paprika
1 Knoblauchzehe
1 Handvoll Kräuterblätter (z. B. Petersilie und Gewürzfenchel oder Dill)
2 EL Zitronensaft
2 Prisen geräuchertes Paprikapulver (Pimentón de la Vera)

FÜR DIE JOGHURTCREME
200 g vegane Crème fraîche
200 g Pflanzenjoghurt (z. B. Sojajoghurt)
1 TL Zitronensaft
Salz

Nährwerte pro Person: 615 kcal
F 48 g, KH 25 g, B 8 g, EW 12 g

1 Den Backofen auf 220 °C Ober-/Unterhitze (oder besser: 200 °C Umluft) vorheizen. Ein Backblech mit Backpapier auslegen. 2 Die **Auberginen** waschen, längs halbieren, die Schnittflächen rautenförmig tief einschneiden und mit diesen Seiten nach oben auf das Blech legen. Mit **Salz** und **Pfeffer** würzen und mit 1–2 EL **Olivenöl** beträufeln. 3 **Paprika** waschen, entkernen, vierteln und ebenfalls aufs Blech legen. In den vorgeheizten Ofen (Mitte) geben und etwa 30 Minuten rösten, bis die Auberginen gut gebräunt sind, dabei die Paprika nach 10–15 Minuten aus dem Ofen nehmen, kurz abkühlen lassen und häuten. 4 Inzwischen für die Salsa die **Knoblauchzehe** schälen und fein hacken. Die **Kräuter** abbrausen, trocken tupfen, fein hacken, etwas davon zum Garnieren beiseitestellen und den Rest mit dem Knoblauch in eine Schüssel geben. Die gehäuteten Paprika klein würfeln, mit restlichem **Olivenöl, Zitronensaft** und **Räucherpaprika** hinzufügen, verrühren und mit **Salz** und **Pfeffer** würzen. 5 Für die Joghurtcreme **Crème fraîche** und **Joghurt** mit **Zitronensaft** und etwas **Salz** verrühren und auf zwei Tellern verstreichen. 6 Das Blech aus dem Ofen nehmen, die Auberginen auf die Creme setzen und die Salsa daraufgeben. Mit den beiseitegestellten Kräutern bestreuen und genießen.

glutenfrei, frei von raffiniertem Zucker

KÜRBISGRATIN MIT KRÄUTERKRUSTE

Für die Herbstzeit kann's gar nicht genug Kürbisrezepte geben! Dieses Gratin bereite ich gern mit Butternutkürbis zu, du kannst aber auch einen anderen aromatischen Kürbis nehmen.

Zubereitungszeit 20 Minuten plus 20–30 Minuten Backzeit

Für 2 Personen

FÜR DEN KÜRBIS
1 Butternutkürbis (ca. 1,25 kg)
etwas Olivenöl
Salz
schwarzer Pfeffer aus der Mühle

FÜR DIE KRÄUTERKRUSTE
½ Bund glatte Petersilie
1 Knoblauchzehe
1 TL Rosmarinnadeln
25 g Kürbiskerne
4 EL Panko (oder Semmelbrösel)
1 TL abgeriebene Biozitronenschale
3–4 EL Olivenöl
Salz
schwarzer Pfeffer aus der Mühle

FÜR DAS TOPPING
2 EL Kürbiskernöl

Nährwerte pro Person: 594 kcal
F 33 g, KH 73 g, B 16 g, EW 12 g

1 Den Backofen auf 200 °C Ober-/Unterhitze (180 °C Umluft) vorheizen. **2** Den **Kürbis** schälen, längs halbieren, entkernen und die Hälften in etwa 6 mm dünne Spalten schneiden. Eine Auflaufform mit etwas **Olivenöl** bepinseln, die Scheiben leicht überlappend hineinlegen, dabei herzhaft **salzen** und **pfeffern.** **3** Für die Kräuterkruste die **Petersilie** abbrausen und trocken schütteln, Blätter und dünne Stiele grob hacken. Die **Knoblauchzehe** schälen. Petersilie, Knoblauch, **Rosmarinnadeln** und **Kürbiskerne** im Blitzhacker fein hacken. Mit **Panko, Zitronenschale** und **Olivenöl** vermischen, mit **Salz** und **Pfeffer** würzen, dann die Bröselmischung über den Kürbis streuen. **4** In den vorgeheizten Ofen (Mitte) geben und 20–30 Minuten backen, bis der Kürbis gar und die Kruste goldbraun ist. **5** Die Form aus dem Ofen nehmen und das Gratin mit dem **Kürbiskernöl** beträufeln.

frei von raffiniertem Zucker, sojafrei

KNUSPRIGE FÄCHER-KARTOFFELN MIT ZITRONIGEM BOHNEN-KRÄUTER-DIP

Durch die vielen Einschnitte werden die Kartoffeln herrlich knusprig. Der cremige, knoblauchduftende Dip schmeckt auch toll auf geröstetem Brot.

Zubereitungszeit 20 Minuten plus ca. 30 Minuten Backzeit

Für 2 Personen

FÜR DIE KARTOFFELN
750 g vorwiegend festkochende Kartoffeln
1 TL Rosmarinnadeln
2–3 EL Olivenöl
Salz
schwarzer Pfeffer aus der Mühle

FÜR DEN DIP
250 g weiße Bohnen aus der Dose (Abtropfgewicht)
1 Knoblauchzehe
je 2–3 Stängel Petersilie, Basilikum und/oder Oregano
1–2 EL Zitronensaft
1 TL abgeriebene Biozitronenschale
2 EL vegane Mayonnaise oder Seidentofu-Mayonnaise (siehe Seiten 36 und 37; oder Fertigprodukt)
Salz
schwarzer Pfeffer aus der Mühle

Nährwerte pro Person: 561 kcal
F 21 g, KH 73 g, B 17 g, EW 17 g

❶ Den Backofen auf 220 °C Ober-/Unterhitze (200 °C Umluft) vorheizen. Die **Kartoffeln** gut schrubben (oder schälen), längs halbieren, dann auf der runden Seite mehrfach im Abstand von etwa 2 mm tief einschneiden, aber nicht durchschneiden. Den **Rosmarin** fein hacken. ❷ Die Kartoffeln auf ein Backblech geben, mit **Olivenöl** beträufeln, mit Rosmarin, etwas **Salz** und **Pfeffer** mischen und auf dem Blech verteilen. Im vorgeheizten Ofen (Mitte) etwa 30 Minuten backen, bis die Kartoffeln rundum knusprig und goldbraun sind. ❸ Inzwischen für den Dip die **Bohnen** in ein Sieb abgießen, kalt abbrausen und abtropfen lassen. Die **Knoblauchzehe** schälen. Die **Kräuter** abbrausen, trocken schütteln und grob hacken. Alles in den Blitzhacker geben und fein pürieren. In eine Schüssel geben, **Zitronensaft, Zitronenschale** und **Mayonnaise** unterrühren und mit **Salz** und **Pfeffer** abschmecken. ❹ Die Kartoffeln aus dem Ofen nehmen, auf zwei Teller geben und dazu den Dip reichen.

Tipp Anstelle des Bohnen-Kräuter-Dips schmeckt Aioli oder Remoulade (siehe Seiten 36 und 37) sehr gut, aber auch Tomaten- oder Olivenpesto (siehe Seite 140).

glutenfrei, frei von raffiniertem Zucker

GERÖSTETER OFEN-WEISSKOHL MIT KARTOFFEL-SENF-STAMPF

Das nenne ich mal ein deftiges Winter-Wohlfühlessen! Und der würzige Weißkohl zeigt, dass er auch im Ofen zur Höchstform aufläuft – wer hätte ihm das zugetraut?

Zubereitungszeit 30 Minuten plus ca. 25 Minuten Backzeit

Für 2 Personen

FÜR DEN KOHL
3–4 EL Olivenöl plus etwas Olivenöl zum Bestreichen
1 kleiner Weißkohl (ca. 600 g; oder ½ großer Kohl)
1 Knoblauchzehe
1 TL Kümmelsamen
2 EL Haselnusskerne
1 TL Thymianblättchen
½ TL rosenscharfes Paprikapulver oder Chilipulver
2 EL Ahornsirup
3 EL Zitronensaft
Salz
schwarzer Pfeffer aus der Mühle

FÜR DEN KARTOFFELSTAMPF
700 g mehligkochende Kartoffeln
Salz
ca. 100 ml ungesüßte Pflanzenmilch
2–3 TL körniger Senf
1–2 Prisen frisch geriebene Muskatnuss

FÜR DAS TOPPING
1 ½ EL veganes Kräuterpesto (z. B. Basilikumpesto oder Haselnuss-Spinat-Pesto, siehe Seiten 56 und 141; oder Fertigprodukt)
2 EL sehr gutes Olivenöl

Nährwerte pro Person: 818 kcal
F 41 g, KH 91 g, B 17 g, EW 20 g

1 Den Backofen auf 200 °C Ober-/Unterhitze (180 °C Umluft) vorheizen. **2** Für den Kohl ein Backblech mit etwas **Olivenöl** bestreichen. Vom **Weißkohl** die äußeren, unschönen Blätter entfernen, den ganzen Kohl in 1 cm dünne Scheiben schneiden, dabei den Strunk keilförmig herausschneiden, und die Scheiben auf das Blech legen. **3** Die **Knoblauchzehe** schälen und fein hacken. Die **Kümmelsamen** im Mörser grob zerstoßen und die **Haselnüsse** nicht zu fein hacken. Knoblauch, Kümmel und Haselnüsse mit **Olivenöl, Thymian, Paprikapulver, Ahornsirup, Zitronensaft,** etwas **Salz** und **Pfeffer** verrühren und den Kohl damit bestreichen. Im vorgeheizten Ofen (Mitte) etwa 25 Minuten backen, bis die Kohlscheiben oben und an den Rändern schön gebräunt und knusprig sind. **4** In der Zwischenzeit für den Kartoffelstampf die **Kartoffeln** schälen und grob in Stücke schneiden. In einen Topf geben, knapp mit Wasser bedecken, leicht **salzen,** aufkochen und 12–15 Minuten weich kochen. **5** Die **Pflanzenmilch** erhitzen. Die Kartoffeln abgießen und noch heiß im Topf mit dem Kartoffelstampfer grob zerdrücken. Heiße Pflanzenmilch und den **Senf** unterrühren und mit **Salz** und **Muskatnuss** abschmecken. Den Stampf abdecken und warm halten. **6** Für das Topping **Kräuterpesto** und **Olivenöl** verrühren. **7** Den Stampf durchrühren, auf zwei Teller verteilen und den Weißkohl darauf anrichten. Mit dem Pesto-Öl beträufeln und genießen.

glutenfrei, frei von raffiniertem Zucker, sojafrei

SCHNELLES CASSOULET MIT KARTOFFELN UND LAUCH

Mehrere Stunden schmort ein klassisch zubereitetes Cassoulet im Ofen. Hier kommt meine extraschnelle Version, die auch für Ungeduldige geeignet ist und herrlich würzig schmeckt.

Zubereitungszeit 15 Minuten plus 10 Minuten Garzeit und ca. 20 Minuten Backzeit

Für 2 Personen

FÜR DAS CASSOULET
10 g getrocknete Steinpilze
1 dünne oder ½ Stange Lauch
1 Zwiebel
1 Knoblauchzehe
1 große Kartoffel (150 g)
250 g weiße Bohnen aus der Dose (Abtropfgewicht)
2 EL Olivenöl
3 EL Tomatenmark
ca. 300 ml Gemüsebrühe (siehe Seite 60; oder Fertigprodukt)
1 Lorbeerblatt
4–6 Stängel Bohnenkraut oder Thymian
Salz
schwarzer Pfeffer aus der Mühle
½ TL geräucherte Chiliflocken

FÜR DIE KRUSTE
25 g Semmelbrösel
25 g vegane Margarine
1 TL abgeriebene Biozitronenschale

Nährwerte pro Person: 494 kcal
F 22 g, KH 49 g, B 16 g, EW 17 g

❶ Für das Cassoulet die **getrockneten Steinpilze** in eine Schale geben, mit 100 ml kochendem Wasser überbrühen und einweichen lassen. ❷ Den **Lauch** putzen, halbieren, waschen und in dünne Scheiben schneiden. **Zwiebel** und **Knoblauchzehe** schälen und fein würfeln. Die **Kartoffel** schälen und in 1 cm kleine Würfel schneiden. **Bohnen** in ein Sieb abgießen, kalt abbrausen und abtropfen lassen. ❸ Das **Olivenöl** in einer großen Pfanne erhitzen, Lauch und Zwiebeln darin anbraten. Knoblauch, Kartoffeln, Bohnen, Steinpilze mitsamt Einweichwasser, **Tomatenmark, Gemüsebrühe, Kräuter,** etwas **Salz, Pfeffer** und **Chiliflocken** dazugeben, aufkochen und 10 Minuten abgedeckt kochen lassen. Dabei eventuell etwas Wasser angießen und abschmecken. ❹ Inzwischen den Backofen auf 200 °C Ober-/Unterhitze (180 °C Umluft) vorheizen. ❺ Für die Kruste **Semmelbrösel, Margarine** und **Zitronenschale** verkneten. ❻ Die Bohnen-Gemüse-Mischung in eine Auflaufform geben und die Bröselmasse als Streusel darauf verteilen. Im vorgeheizten Ofen (Mitte) etwa 20 Minuten backen, bis die Bröselkruste goldbraun und knusprig ist.

frei von raffiniertem Zucker, sojafrei

CHUTNEYS UND PICKLES

Scharf, süß, sauer – fruchtige Chutneys und knackige Pickles geben vielen Gerichten den letzten Pfiff.

ROSA ZWIEBEL-PICKLES

glutenfrei, sojafrei

Für 4–6 Personen 4–5 Zwiebeln (250 g) schälen, in dünne Scheiben schneiden und in ein großes Schraub- oder Einmachglas geben. Für den Sud 200 ml Rotweinessig, 50 ml Rote-Bete-Saft, 2 TL Salz, 1 TL schwarze Pfefferkörner, 4 EL Zucker und 150 ml Wasser in einem Topf aufkochen, bis sich der Zucker aufgelöst hat. Den heißen Sud über die Zwiebeln gießen, sie sollen ganz bedeckt sein. Abkühlen lassen, dann das Glas verschließen und die Zwiebeln über Nacht im Kühlschrank ziehen lassen. Passt zu Spinatcurry (siehe Seite 145), Weißkohl-Kartoffel-Curry (siehe Seite 132), Röstkartoffeln mit grüner Sauce (siehe Seite 30) und Riesen-Gemüserösti (siehe Seite 40).

Nährwerte pro Person: 66 kcal (F 0 g, KH 13 g, B 1 g, EW 1 g)

SCHNELLE KAROTTEN-INGWER-PICKLES

glutenfrei, sojafrei

Für 4–6 Personen 2 große Karotten putzen, gut schrubben oder schälen und in feine Streifen hobeln. 25 g Ingwer schälen und fein hacken. Karotten und Ingwer in eine Schüssel geben, 150 ml Apfelsaft, 5 EL Zitronensaft, 1 TL Salz, ½ TL Chiliflocken, 1 TL Zucker und 1 EL Pflanzenöl hinzufügen, mischen und mindestens 30 Minuten durchziehen lassen. Passt unter anderem zu Spinatcurry (siehe Seite 145) und Weißkohl-Kartoffel-Curry (siehe Seite 132).

Nährwerte pro Person: 45 kcal (F 2 g, KH 6 g, B 2 g, EW 0 g)

WÜRZIGES MANGOCHUTNEY

glutenfrei, frei von raffiniertem Zucker, sojafrei

Für 4–6 Personen 2 Pimentkörner und 1 TL Kreuzkümmelsamen fein mörsern. 10 g Ingwer schälen und fein hacken. 1 große reife Mango schälen, das Fruchtfleisch vom Stein lösen und würfeln. 1 EL Pflanzenöl in einem Topf erhitzen, Piment, Kreuzkümmel und 1 TL braune Senfsamen darin kurz anrösten. Ingwer und 1 TL scharfes Currypulver zugeben und kurz mitdünsten. Mango, 3 EL Limettensaft und ½ TL Chiliflocken hinzufügen und je nach Reifegrad der Mango 3–5 Minuten köcheln lassen. Mit Salz und 1–2 TL Agavensirup abschmecken. Abkühlen lassen. Passt zu Kartoffel-Kichererbsen-Curry (siehe Seite 46).

Nährwerte pro Person: 84 kcal (F 2 g, KH 13 g, B 2 g, EW 2 g)

SÜSSSAURES APFEL-CRANBERRY-CHUTNEY

glutenfrei, sojafrei

Für 4–6 Personen 20 g Ingwer schälen und fein hacken. 1 rote Zwiebel schälen und in dünne Spalten schneiden. 3 säuerliche Äpfel (Topaz, Boskoop) waschen, vierteln, entkernen und in Spalten schneiden. 1 EL Pflanzenöl in einem Topf erhitzen, Ingwer und Zwiebeln darin andünsten. Äpfel, 2 EL getrocknete Cranberrys, 150 ml Apfelsaft oder Wasser, 3 EL Zitronensaft, 3 EL Zucker, ½ TL Chiliflocken, ½ TL gemahlener Zimt, ½ TL gemörserte Koriandersamen und 1 Lorbeerblatt dazugeben, aufkochen und 5–7 Minuten weich kochen, dabei ab und zu umrühren. Abkühlen lassen. Passt zu Haselnuss-Polenta (siehe Seite 136), Kürbis-Polenta (siehe Seite 131) und Buchweizenrisotto (siehe Seite 150).

Nährwerte pro Person: 108 kcal (F 2 g, KH 20 g, B 2 g, EW 1 g)

GEMÜSE-FRITTATA AUS DEM OFEN

Gemüse schnibbeln, anbraten, würzen, mit Kichererbsenteig begießen – und während die Frittata im Ofen backt, kannst du dich auf ein köstliches Essen freuen!

Zubereitungszeit 25 Minuten plus ca. 20 Minuten Backzeit

Für 2 Personen

FÜR DEN BELAG
1 kleine Stange Lauch
1 kleine Zucchini (150 g)
1 kleine gelbe Paprika
1 Knoblauchzehe
100 g Kirschtomaten
1 ½ EL Olivenöl
Salz
schwarzer Pfeffer aus der Mühle
75 g veganer Feta (z. B. auf Mandelbasis)
2 EL Pinienkerne
2 EL Kräuterblätter (z. B. Basilikum; alternativ etwas Rucola)

FÜR DEN TEIG
150 g Kichererbsenmehl
75 g Pflanzenjoghurt (z. B. Sojajoghurt)
1 ½ TL Backpulver
½ TL Salz
½ TL geräuchertes Paprikapulver (Pimentón de la Vera)
½ TL gemahlene Kurkuma
1 TL Olivenöl

Nährwerte pro Person: 605 kcal
F 32 g, KH 52 g, B 14 g, EW 27 g

1 Für den Belag den **Lauch** putzen, waschen und in dünne Scheiben schneiden. Die **Zucchini** waschen und in Scheiben schneiden. Die **Paprika** waschen, entkernen und in Streifen schneiden. Die **Knoblauchzehe** schälen und fein hacken. Die **Kirschtomaten** waschen und halbieren. **2** Den Backofen auf 200 °C Ober-/Unterhitze (180 °C Umluft) vorheizen. **3** Das **Olivenöl** in einer großen ofenfesten Pfanne erhitzen, Lauch, Zucchini und Paprika darin unter mehrmaligem Wenden etwa 5 Minuten kräftig anbraten. Den Knoblauch unterrühren und mit **Salz** und **Pfeffer** würzen. Das Gemüse in eine Schüssel geben. **4** Für den Teig **Kichererbsenmehl, Joghurt, Backpulver,** ½ TL **Salz** und die **Gewürze** in einer Schüssel mischen. 300 ml kaltes Wasser unter ständigem kräftigen Rühren dazugießen und darauf achten, dass sich keine Klümpchen bilden. **5** Das **Olivenöl** in der Pfanne erhitzen und den Teig hineingießen. Angebratenes Gemüse und Kirschtomaten darauf verteilen, den **Feta** darüberkrümeln und mit den **Pinienkernen** bestreuen. Die Pfanne in den Ofen (Mitte) geben und die Frittata etwa 20 Minuten backen, bis sie leicht gebräunt ist. **6** Herausnehmen und mit den **Kräuterblättern** bestreuen.

glutenfrei, frei von raffiniertem Zucker

FLAMMKUCHEN MIT PILZEN UND WEINTRAUBEN

Mit fertigem Teig steht einem spontanen Flammkuchenbacken nichts im Weg. Anstelle von Kräuterseitlingen machen sich auch Austernpilze oder Champignons gut darauf.

Zubereitungszeit 15 Minuten plus ca. 15 Minuten Backzeit

Für 2 Personen

1 Rolle Flammkuchenteig (260 g; Fertigprodukt)
200 g vegane Crème fraîche
1 Knoblauchzehe
1 TL abgeriebene Biozitronenschale
Salz
schwarzer Pfeffer aus der Mühle
200 g Kräuterseitlinge
3 Frühlingszwiebeln
150 g kernlose violette Weintrauben
2 EL Olivenöl
1 EL Thymianblättchen
1 EL Petersilienblätter

Nährwerte pro Person: 827 kcal
F 46 g, KH 77 g, B 9 g, EW 19 g

1 Den Backofen auf 200 °C Ober-/Unterhitze (180 °C Umluft) vorheizen. 2 Den **Teig** aus der Packung nehmen und mitsamt dem Backpapier auf einem Backblech ausbreiten. 3 Die **Crème fraîche** in eine Schüssel geben. Die **Knoblauchzehe** schälen und darüberpressen. Die **Zitronenschale** hinzugeben, mit **Salz** und **Pfeffer** würzen, gut verrühren und auf dem Teig verstreichen. 4 Die **Pilze** säubern und in dünne Scheiben schneiden. Die **Frühlingszwiebeln** putzen, waschen und in Röllchen schneiden. Die **Weintrauben** abbrausen, trocken tupfen und halbieren. Alles in eine Schüssel geben, **Olivenöl, Thymian,** etwas **Salz** und **Pfeffer** hinzufügen, mischen und auf der Creme verteilen. 5 In den vorgeheizten Ofen (Mitte) geben und etwa 15 Minuten backen, bis der Teig knusprig und der Belag leicht gebräunt ist. 6 Herausnehmen, den Flammkuchen mit der **Petersilie** bestreuen, in Stücke schneiden und genießen.

frei von raffiniertem Zucker, sojafrei

GRÜNER SPARGEL MIT PINIENKERN-PANKO-KRUSTE

Grünen Spargel brauchst du nur im unteren Drittel zu schälen (bei sehr frischen Stangen erübrigt sich selbst das), damit ist er für die schnelle Küche wie gemacht. Die mediterrane Brösel-Tomaten-Mischung kannst du auch mit einem Schwupps Olivenöl unter heiße Pasta rühren.

Zubereitungszeit 10 Minuten plus 10–15 Minuten Backzeit

Für 2 Personen

4 getrocknete Tomaten (in Öl eingelegt)
2 EL Basilikumblätter
4 EL Panko (oder Semmelbrösel)
2 EL Pinienkerne
1 TL abgeriebene Biozitronenschale
Salz
schwarzer Pfeffer aus der Mühle
1 TL Olivenöl
500 g grüner Spargel

Nährwerte pro Person: 313 kcal
F 21 g, KH 22 g, B 4 g, EW 9 g

1 Den Backofen auf 200 °C Ober-/Unterhitze (180 °C Umluft) vorheizen. 2 Die **getrockneten Tomaten** abtropfen lassen, fein hacken und mit 2 EL Öl von den Tomaten in eine Schüssel geben. Das **Basilikum** fein hacken, mit **Panko, Pinienkernen** und **Zitronenschale** zu den Tomaten geben, vermengen und die Bröselmischung mit etwas **Salz** und **Pfeffer** würzen. 3 Eine große Auflaufform oder einen Bräter mit dem **Olivenöl** einfetten. Den **Spargel** waschen, die Enden knapp abschneiden und die Stangen im unteren Drittel schälen. In die vorbereitete Form geben und die Bröselmischung darauf verteilen. 4 Im vorgeheizten Ofen (Mitte) 10–15 Minuten backen, bis der Spargel gar ist und die Brösel schön knusprig sind.

frei von raffiniertem Zucker, sojafrei

MEDITERRANES RATATOUILLE-GRATIN

Das farbenfrohe Gratin versetzt mich schon beim Anblick in null Komma nichts in gute (Sommer-)Laune, die mit jedem Bissen größer wird!

Zubereitungszeit 20 Minuten plus ca. 45 Minuten Backzeit

Für 2 Personen

2 Zwiebeln
3–4 EL Olivenöl
75 ml Weißwein (alternativ Gemüsebrühe; siehe Seite 60)
Salz
schwarzer Pfeffer aus der Mühle
1 EL eingelegte Kapern aus dem Glas, abgetropft
1 kleine Zucchini
1 kleine Aubergine
4–5 Tomaten
2 Knoblauchzehen
4–6 Zweige Thymian oder Bohnenkraut
1 gehäufter EL Tomatenmark
60 ml Gemüsebrühe (siehe Seite 60; oder Fertigprodukt)
1 EL entsteinte schwarze Oliven
3 EL Panko (oder Semmelbrösel)
1 EL gehackte Mandeln

Nährwerte pro Person: 326 kcal
F 18 g, KH 21 g, B 8 g, EW 7 g

1 Die **Zwiebeln** schälen und in dünne Scheiben schneiden. 1–2 EL **Olivenöl** in einer Pfanne erhitzen und die Zwiebeln darin bei niedriger bis mittlerer Hitze etwa 8 Minuten weich dünsten. Den **Weißwein** angießen und verkochen lassen, dann leicht **salzen** und **pfeffern** und die **Kapern** unterrühren. Die Zwiebelmischung in eine Auflaufform (etwa 25 cm Länge) geben und auf dem Boden verteilen. **2** Den Backofen auf 200 °C Ober-/Unterhitze (180 °C Umluft) vorheizen. **3** **Zucchini, Aubergine** und **Tomaten** waschen und in etwa 3 mm dünne Scheiben schneiden. Das Gemüse abwechselnd auf den Zwiebeln in die Form schichten. **4** Die **Knoblauchzehen** schälen und in eine Schüssel pressen. Die **Kräuter** waschen, trocken schütteln, die Blätter abzupfen, hacken und hinzufügen. **Tomatenmark** und **Gemüsebrühe** einrühren und die Sauce kräftig mit **Salz** und **Pfeffer** würzen. Über das Gemüse gießen, in den vorgeheizten Ofen (Mitte) geben und 20 Minuten backen. **5** Inzwischen die **Oliven** fein hacken, mit **Panko, Mandeln,** restlichem **Olivenöl** und einer Prise **Salz** vermischen, verkneten und auf dem Gemüse verteilen. Dann im Ofen noch etwa 25 Minuten goldbraun backen.

frei von raffiniertem Zucker, sojafrei

CHICORÉE-TARTE MIT BIRNE UND HASELNÜSSEN

Eine Blätterteigtarte ist für die schnelle Küche (und den großen Hunger) wie gemacht: Ausrollen, belegen, backen, genießen!

Zubereitungszeit 15 Minuten plus 15–20 Minuten Backzeit

Für 2 Personen

1 Rolle Blätterteig
  (275 g; Fertigprodukt)
150 g veganer Frischkäse
2 EL Haselnussmus
2–3 Chicorée
1 reife Birne
3 EL Haselnusskerne
2 TL Rosmarinnadeln
2 EL Zitronensaft
2 EL Walnuss- oder Olivenöl
1 EL Ahornsirup
Salz
schwarzer Pfeffer aus der Mühle
2 EL Preiselbeeren aus dem Glas
3 EL roter Traubensaft oder Apfelsaft
1 TL rote Pfefferbeeren

Nährwerte pro Person: 1.160 kcal
F 87 g, KH 72 g, B 8 g, EW 15 g

❶ Den Backofen auf 200 °C Ober-/Unterhitze (180 °C Umluft) mit einem Backblech vorheizen. ❷ **Blätterteig** aus der Packung nehmen und mitsamt Backpapier auf der Arbeitsfläche ausbreiten. ❸ **Frischkäse** und **Haselnussmus** verrühren und den Teig damit bestreichen. ❹ **Chicorée** waschen, längs halbieren, den Strunk herausschneiden und die Blätter weitgehend ablösen. Die **Birne** waschen, vierteln, entkernen und in dünne Spalten schneiden. Die **Haselnüsse** grob, den **Rosmarin** fein hacken. Alles in eine Schüssel geben, **Zitronensaft, Öl, Ahornsirup,** etwas **Salz** und **Pfeffer** hinzufügen und mischen. ❺ Die Chicorée-Birnen-Mischung auf dem Teig verteilen. In den vorgeheizten Ofen (unten) geben und 15–20 Minuten backen, bis der Teig knusprig ist. ❻ **Preiselbeeren** und **Fruchtsaft** verrühren. Die Tarte aus dem Ofen nehmen, mit der Preiselbeermischung beträufeln und mit grob zerdrückten **Pfefferbeeren** bestreuen. In Stücke schneiden und genießen.

Tipp Wen das Kerngehäuse nicht stört, der kann die Birne als Ganzes in dünne Scheiben schneiden. Das sieht auf dem Teig sehr attraktiv aus.

ZU GUTER LETZT

REZEPT- UND ZUTATENREGISTER

Du suchst ein ganz bestimmtes Gericht oder nach einer Zubereitungsidee für vorrätige Zutaten? Das Register hilft dir schnell weiter: Alle Rezepte aus diesem Buch und die wichtigsten Zutaten sind hier alphabetisch gelistet.

Aioli, vegane 37
APFEL
- Buchweizensalat mit Roter Bete und Granatapfel 116
- Süßsaures Apfel-Cranberry-Chutney 169

Apfel-Cranberry-Chutney, süßsaures 169
APRIKOSE
- Kichererbsen-Fenchel-Salat mit Salzzitrone und Aprikosen 115
- Riesencouscous mit geröstetem Blumenkohl und Tahinsauce 33

ARTISCHOCKE
- Goldgelbe Polentapizza mit Tomaten und Artischocken 157
- Pasta mit Artischockenpesto 93

Artischockenpesto 93
Asiatisch duftende Gemüsebrühe 60
AUBERGINE
- Hirsepfanne mit Aubergine und weißen Bohnen 42
- Mediterranes Ratatouille-Gratin 177
- Ofen-Aubergine mit gerösteter Paprikasalsa 159
- Sizilianische Caponata mit Cannellinibohnen 100

AVOCADO
- Pasta mit cremiger Avocadosauce und Rucola 85
- Riesen-Gemüserösti mit Erbsen-Avocado-Mus 40

Avocadosauce 85
Balsamico-Pilze 17
Balsamico-Schalotten 62
Balsamico-Vinaigrette, kräftige 109
Balsamico-Weintrauben 128
Bärlauchrisotto mit gebratenem weißem Spargel 139
BIRNE
- Buchweizenrisotto mit gebratenem Kürbis und Birne 150
- Chicorée-Tarte mit Birne und Haselnüssen 178

BLUMENKOHL
- Riesencouscous mit geröstetem Blumenkohl und Tahinsauce 33

BOHNEN
- Hirsepfanne mit Aubergine und weißen Bohnen 42
- Knusprige Fächerkartoffeln mit zitronigem Bohnen-Kräuter-Dip 163
- Linguine alla genovese 80
- Minestrone mit Borlottibohnen 56
- Quinoa-Salat mit Feigen, Feta und grünen Bohnen 103
- Scharfer Bohneneintopf mit Harissa-Mayonnaise 71
- Schnelles Cassoulet mit Kartoffeln und Lauch 166
- Sizilianische Caponata mit Cannellinibohnen 100
- Weiße-Bohnen-Salat mit knusprigem Feta und Olivensauce 121

Bohneneintopf, scharfer, mit Harissa-Mayonnaise 71
Bohnen-Kräuter-Dip, zitroniger 163
BROKKOLI
- Gemüse-Biryani mit Minz-Raita 39
- Grüne Spinat-Brokkoli-Pasta 97
- Rührgebratener Brokkoli mit Kokosreis 27

Brokkoli, rührgebratener, mit Kokosreis 27
Brotsalat, mediterraner, mit weißem Spargel 106
BUCHWEIZEN
- Buchweizenrisotto mit gebratenem Kürbis und Birne 150
- Buchweizensalat mit Roter Bete und Granatapfel 116

Buchweizenrisotto mit gebratenem Kürbis und Birne 150
Buchweizensalat mit Roter Bete und Granatapfel 116
Caponata, sizilianische, mit Cannellinibohnen 100
CASHEWMUS
- Graupenrisotto mit Schwarzkohl 146

Cashew-Sprinkle 53
Cashew-Streukäse 86
Cassoulet, schnelles, mit Kartoffeln und Lauch 166
CHICORÉE
- Chicorée-Tarte mit Birne und Haselnüssen 178
- Haselnuss-Polenta mit gebratenem Chicorée 136

Chicorée-Tarte mit Birne und Haselnüssen 178
CHILI
- Chilischarfer Teriyaki-Tofu mit Pak Choi 20
- Ingwerscharfes Tikka Masala mit Tofu 142
- Rührgebratener Brokkoli mit Kokosreis 27

Chilischarfer Teriyaki-Tofu mit Pak Choi 20
COUSCOUS
- Riesencouscous mit geröstetem Blumenkohl und Tahinsauce 33

CRÈME FRAÎCHE, VEGANE
- Flammkuchen mit Pilzen und Weintrauben 172
- Grüne Spinat-Brokkoli-Pasta 97

Linsen-Spinat-Suppe mit Safran und Zitrone 68
Ofen-Aubergine mit gerösteter Paprikasalsa 159
Paprika mit Quinoa-Feta-Füllung 154
Räuchertofu-Buletten mit Rahm-Gurkensalat 23
Süßkartoffel-Paprika-Pfanne mit Knoblauchdip 18
Cremige Kürbis-Polenta mit Steinpilzen 131
Cremige Sesamsauce 108
Cremiges Kartoffel-Kichererbsen-Curry mit Kokos 46
Cremige Spaghetti carbonara 90
Dukkah, nussiges 66
EDAMAME
Scharfer Edamame-Zuckerschoten-Salat mit knusprigem Tofu 112
Edamame-Zuckerschoten-Salat, scharfer, mit knusprigem Tofu 112
ERBSEN
Gemüse-Biryani mit Minz-Raita 39
Grüne Spinat-Brokkoli-Pasta 97
Riesen-Gemüserösti mit Erbsen-Avocado-Mus 40
Erbsen-Avocado-Mus 40
Erdnuss-Kokos-Streusel, karamellisierte 67
Fächerkartoffeln, knusprige, mit zitronigem Bohnen-Kräuter-Dip 163
FEIGE
Quinoa-Salat mit Feigen, Feta und grünen Bohnen 103
FENCHEL
Kichererbsen-Fenchel-Salat mit Salzzitrone und Aprikosen 115
Kichererbsen-Gemüse-Topf mit Oliven und Salzzitrone 149
Kräftige Gemüsebrühe 60
FETA, VEGANER
Gemüse-Frittata aus dem Ofen 171
Goldgelbe Polentapizza mit Tomaten und Artischocken 157
Linsensalat mit Melone und Feta 111
Paprika mit Quinoa-Feta-Füllung 154
Quinoa-Salat mit Feigen, Feta und grünen Bohnen 103
Weiße-Bohnen-Salat mit knusprigem Feta und Olivensauce 121
Flammkuchen mit Pilzen und Weintrauben 172
Französische Vinaigrette 108
Fried Rice, ingwerscharfer, mit Zuckermais und Tofu 24
FRISCHKÄSE, VEGANER
Chicorée-Tarte mit Birne und Haselnüssen 178
FRÜHLINGSZWIEBEL
Chilischarfer Teriyaki-Tofu mit Pak Choi 20
Flammkuchen mit Pilzen und Weintrauben 172
Gebratene Gnocchi mit Balsamico-Pilzen 17
Ingwerscharfer Fried Rice mit Zuckermais und Tofu 24
Kichererbsen-Fenchel-Salat mit Salzzitrone und Aprikosen 115
Linsensalat mit Melone und Feta 111
Maiscremesuppe mit Frühlingszwiebel und Tofu-Cashew-Topping 50
Mie-Nudeln mit scharfem Tofuhack 28
Röstkartoffeln mit grüner Sauce 30
Röstkartoffelsalat mit Frühlingsgrünzeug 118
Rührgebratener Brokkoli mit Kokosreis 27
Süßkartoffel-Paprika-Pfanne mit Knoblauchdip 18
Weiße-Bohnen-Salat mit knusprigem Feta und Olivensauce 121
Gebratene Gnocchi mit Balsamico-Pilzen 17
Gemüse-Biryani mit Minz-Raita 39
Gemüsebrühe, asiatisch duftende 60
Gemüsebrühe, kräftige 60
Gemüse-Frittata aus dem Ofen 171
Gemüsiges Kürbispesto 141
Gerösteter Ofen-Weißkohl mit Kartoffel-Senf-Stampf 164
GNOCCHI
Gebratene Gnocchi mit Balsamico-Pilzen 17
Gnocchi, gebratene, mit Balsamico-Pilzen 17
Goldgelbe Polentapizza mit Tomaten und Artischocken 157
GRANATAPFEL
Buchweizensalat mit Roter Bete und Granatapfel 116
Graupenrisotto mit Schwarzkohl 146
Grüner Spargel mit Pinienkern-Panko-Kruste 174
Grüne Sauce 30
Grüne Spinat-Brokkoli-Pasta 97
GRÜNKOHL
Steckrübeneintopf mit Grünkohl 54

GURKE
Gemüse-Biryani mit Minz-Raita 39
Linsensalat mit Melone und Feta 111
Räuchertofu-Buletten mit Rahm-Gurkensalat 23
Rührgebratener Brokkoli mit Kokosreis 27
Spicy Gurken-Erdnuss-Salat mit Tofuhack 125
Vegane Remoulade 36
Weiße-Bohnen-Salat mit knusprigem Feta und Olivensauce 121
Gurken-Erdnuss-Salat, spicy, mit Tofuhack 125
HAFERFLOCKEN
Würzige Kichererbsen-Buletten 34
Harissa-Mayonnaise 71
Haselnuss-Polenta mit gebratenem Chicorée 136
Haselnuss-Spinat-Pesto, knuspriges 141
HEFEFLOCKEN
Kräftig-würziger Walnuss-Streukäse 87
Nussfreier Sonnenblumenkern-Streukäse 87
Pfifferlingspasta 79
Würzig-intensiver Steinpilz-Nuss-Streukäse 86
Herzhaftes Steckrübenmus mit Balsamico-Weintrauben 128
HIRSE
Hirsepfanne mit Aubergine und weißen Bohnen 42
Hirsesalat mit gebratenem Sommergemüse 104
Hirsepfanne mit Aubergine und weißen Bohnen 42
Hirsesalat mit gebratenem Sommergemüse 104
Ingwerscharfer Fried Rice mit Zuckermais und Tofu 24
Ingwerscharfes Tikka Masala mit Tofu 142
Intensiv-würzige Pilzbrühe 60
JOGHURT, VEGANER
Cremiges Kartoffel-Kichererbsen-Curry mit Kokos 46
Gemüse-Biryani mit Minz-Raita 39
Gemüse-Frittata aus dem Ofen 171
Ingwerscharfes Tikka Masala mit Tofu 142
Ofen-Aubergine mit gerösteter Paprikasalsa 159
Räuchertofu-Buletten mit Rahm-Gurkensalat 23
Rote-Linsen-Kokos-Suppe mit Mango und Joghurt 59
Würziges Weißkohl-Kartoffel-Curry mit Kokosdip 132
KAPERN
Mediterraner Brotsalat mit weißem Spargel 106
Mediterranes grünes Olivenpesto 140
Mediterranes Ratatouille-Gratin 177
Mediterrane Tomatensuppe mit Nudel-Oliven-Topping 49
Sizilianische Caponata mit Cannellinibohnen 100
Vegane Remoulade 36
KAPERNÄPFEL
Goldgelbe Polentapizza mit Tomaten und Artischocken 157
Karamellisierte Erdnuss-Kokos-Streusel 67
KAROTTE
Gemüse-Biryani mit Minz-Raita 39
Herzhaftes Steckrübenmus mit Balsamico-Weintrauben 128
Ingwerscharfer Fried Rice mit Zuckermais und Tofu 24
Kichererbsen-Gemüse-Topf mit Oliven und Salzzitrone 149
Kräftige Gemüsebrühe 60
Mediterrane Tomatensuppe mit Nudel-Oliven-Topping 49
Minestrone mit Borlottibohnen 56
Pasta e ceci – One-Pot-Pasta mit Kichererbsensugo 89
Riesen-Gemüserösti mit Erbsen-Avocado-Mus 40
Rote-Linsen-Kokos-Suppe mit Mango und Joghurt 59
Sauerkraut-Kartoffel-Suppe mit Räuchertofu 65
Scharfer Edamame-Zuckerschoten-Salat mit knusprigem Tofu 112
Schnelle Karotten-Ingwer-Pickles 168
Steckrübeneintopf mit Grünkohl 54
Karotten-Ingwer-Pickles, schnelle 168
KARTOFFEL
Cremiges Kartoffel-Kichererbsen-Curry mit Kokos 46
Gerösteter Ofen-Weißkohl mit Kartoffel-Senf-Stampf 164
Herzhaftes Steckrübenmus mit Balsamico-Weintrauben 128
Knusprige Fächerkartoffeln mit zitronigem Bohnen-Kräuter-Dip 163
Linguine alla genovese 80
Linsen-Spinat-Suppe mit Safran und Zitrone 68
Petersilienwurzelsuppe mit Balsamico-Schalotten 62
Räuchertofu-Buletten mit Rahm-Gurkensalat 23
Riesen-Gemüserösti mit Erbsen-Avocado-Mus 40
Röstkartoffeln mit grüner Sauce 30
Röstkartoffelsalat mit Frühlingsgrünzeug 118
Sauerkraut-Kartoffel-Suppe mit Räuchertofu 65
Schnelles Cassoulet mit Kartoffeln und Lauch 166
Steckrübeneintopf mit Grünkohl 54
Würziges Weißkohl-Kartoffel-Curry mit Kokosdip 132
Kartoffel-Kichererbsen-Curry, cremiges, mit Kokos 46
Kartoffel-Senf-Stampf 164

KICHERERBSEN
Cremiges Kartoffel-Kichererbsen-Curry mit Kokos 46
Kichererbsen-Fenchel-Salat mit Salzzitrone und Aprikosen 115
Kichererbsen-Gemüse-Topf mit Oliven und Salzzitrone 149
Pasta e ceci – One-Pot-Pasta mit Kichererbsensugo 89
Riesencouscous mit geröstetem Blumenkohl und Tahinsauce 33
Scharfer Bohneneintopf mit Harissa-Mayonnaise 71
Würzige Kichererbsen-Buletten 34
Kichererbsen-Buletten, würzige 34
Kichererbsen-Fenchel-Salat mit Salzzitrone und Aprikosen 115
Kichererbsen-Gemüse-Topf mit Oliven und Salzzitrone 149
Kichererbsensugo 89
Knoblauchdip 18
Knoblauchmayonnaise 37
Knusperbrösel, scharfe 94
Knusprige Fächerkartoffeln mit zitronigem Bohnen-Kräuter-Dip 163
Knuspriges Haselnuss-Spinat-Pesto 141
Kokosdip 132
KOKOSMILCH
Cremiges Kartoffel-Kichererbsen-Curry mit Kokos 46
Maiscremesuppe mit Frühlingszwiebel und Tofu-Cashew-Topping 50
Palak mit Tofu-Paneer – Spinatcurry mit Tofu 145
Rote-Linsen-Kokos-Suppe mit Mango und Joghurt 59
Rührgebratener Brokkoli mit Kokosreis 27
Süßkartoffelsuppe mit scharfem Cashew-Sprinkle 53
Kokosreis 27
Kräftige Balsamico-Vinaigrette 109
Kräftige Gemüsebrühe 60
Kräuter-Hanf-Sprinkle 66
KÜRBIS
Buchweizenrisotto mit gebratenem Kürbis und Birne 150
Cremige Kürbis-Polenta mit Steinpilzen 131
Gemüsiges Kürbispesto 141
Kürbisgratin mit Kräuterkruste 160
Pasta mit Kürbis, Kürbiskernen und Kernöl 74
Kürbisgratin mit Kräuterkruste 160
Kürbispesto, gemüsiges 141
Kürbis-Polenta, cremige, mit Steinpilzen 131

LAUCH
Gemüse-Frittata aus dem Ofen 171
Kräftige Gemüsebrühe 60
Schnelles Cassoulet mit Kartoffeln und Lauch 166
Steckrübeneintopf mit Grünkohl 54
Leicht scharfe orientalische Salatsauce 109
Linguine alla genovese 80
LINSEN
Linsensalat mit Melone und Feta 111
Linsen-Spinat-Suppe mit Safran und Zitrone 68
Rote-Linsen-Kokos-Suppe mit Mango und Joghurt 59
Linsensalat mit Melone und Feta 111
Linsen-Spinat-Suppe mit Safran und Zitrone 68
MAIS
Ingwerscharfer Fried Rice mit Zuckermais und Tofu 24
Maiscremesuppe mit Frühlingszwiebel und Tofu-Cashew-Topping 50
Maiscremesuppe mit Frühlingszwiebel und Tofu-Cashew-Topping 50
MANDELMUS
Cremige Spaghetti carbonara 90
Pasta mit ofengeröstetem Rosenkohl und Walnüssen 82
MANGO
Rote-Linsen-Kokos-Suppe mit Mango und Joghurt 59
Würziges Mangochutney 169
Mangochutney, würziges 169
Mayonnaise, vegane 37
Mediterraner Brotsalat mit weißem Spargel 106
Mediterranes grünes Olivenpesto 140
Mediterranes Ratatouille-Gratin 177
Mediterrane Tomatensuppe mit Nudel-Oliven-Topping 49
MELONE
Linsensalat mit Melone und Feta 111
Mie-Nudeln mit scharfem Tofuhack 28
Minestrone mit Borlottibohnen 56
Minz-Raita 39
MISO
Buchweizenrisotto mit gebratenem Kürbis und Birne 150
Cremige Spaghetti carbonara 90
Würzige Kichererbsen-Buletten 34
NUDELN
Cremige Spaghetti carbonara 90
Grüne Spinat-Brokkoli-Pasta 97
Linguine alla genovese 80
Mediterrane Tomatensuppe mit Nudel-Oliven-Topping 49

Mie-Nudeln mit scharfem Tofuhack 28
Minestrone mit Borlottibohnen 56
Pasta aglio e olio mit grünem Spargel 77
Pasta e ceci – One-Pot-Pasta mit Kichererbsensugo 89
Pasta mit Artischockenpesto 93
Pasta mit cremiger Avocadosauce und Rucola 85
Pasta mit Kürbis, Kürbiskernen und Kernöl 74
Pasta mit ofengeröstetem Rosenkohl und Walnüssen 82
Pasta mit Paprikapesto und scharfen Knusperbröseln 94
Pfifferlingspasta 79
Nudel-Oliven-Topping 49
Nussiges Dukkah 66
Ofen-Aubergine mit gerösteter Paprikasalsa 159
Ofen-Weißkohl, gerösteter, mit Kartoffel-Senf-Stampf 164
OLIVEN
Kichererbsen-Gemüse-Topf mit Oliven und Salzzitrone 149
Mediterraner Brotsalat mit weißem Spargel 106
Mediterranes grünes Olivenpesto 140
Mediterranes Ratatouille-Gratin 177
Mediterrane Tomatensuppe mit Nudel-Oliven-Topping 49
Sizilianische Caponata mit Cannellinibohnen 100
Süßkartoffel-Paprika-Pfanne mit Knoblauchdip 18
Weiße-Bohnen-Salat mit knusprigem Feta und Olivensauce 121
Zitronige Oliven-Gremolata 67
Oliven-Gremolata, zitronige 67
Olivenpesto, mediterranes grünes 140
Olivensauce 121
One-Pot-Pasta mit Kichererbsensugo 89
ORANGE
Rotkohlsalat mit gebratenem Tempeh 122
PAK CHOI
Chilischarfer Teriyaki-Tofu mit Pak Choi 20
Palak mit Tofu-Paneer – Spinatcurry mit Tofu 145
PALMKOHL
Graupenrisotto mit Schwarzkohl 146
Minestrone mit Borlottibohnen 56
PAPRIKA
Gemüse-Frittata aus dem Ofen 171
Hirsesalat mit gebratenem Sommergemüse 104
Ofen-Aubergine mit gerösteter Paprikasalsa 159
Paprika mit Quinoa-Feta-Füllung 154
Pasta mit Paprikapesto und scharfen Knusperbröseln 94
Süßkartoffel-Paprika-Pfanne mit Knoblauchdip 18
Paprika mit Quinoa-Feta-Füllung 154
Paprikasalsa 159
Pasta aglio e olio mit grünem Spargel 77
Pasta e ceci – One-Pot-Pasta mit Kichererbsensugo 89
Pasta mit Artischockenpesto 93
Pasta mit cremiger Avocadosauce und Rucola 85
Pasta mit Kürbis, Kürbiskernen und Kernöl 74
Pasta mit ofengeröstetem Rosenkohl und Walnüssen 82
Pasta mit Paprikapesto und scharfen Knusperbröseln 94
PERLGRAUPEN
Graupenrisotto mit Schwarzkohl 146
PETERSILIENWURZEL
Kräftige Gemüsebrühe 60
Petersilienwurzelsuppe mit Balsamico-Schalotten 62
Petersilienwurzelsuppe mit Balsamico-Schalotten 62
Pfifferlingspasta 79
Pilzbrühe, intensiv-würzige 60
PILZE
Cremige Kürbis-Polenta mit Steinpilzen 131
Flammkuchen mit Pilzen und Weintrauben 172
Gebratene Gnocchi mit Balsamico-Pilzen 17
Intensiv-würzige Pilzbrühe 60
Pfifferlingspasta 79
Schnelles Cassoulet mit Kartoffeln und Lauch 166
Würziges Weißkohl-Kartoffel-Curry mit Kokosdip 132
Würzig-intensiver Steinpilz-Nuss-Streukäse 86
POLENTA
Cremige Kürbis-Polenta mit Steinpilzen 131
Goldgelbe Polentapizza mit Tomaten und Artischocken 157
Haselnuss-Polenta mit gebratenem Chicorée 136
Polentapizza, goldgelbe, mit Tomaten und Artischocken 157
QUINOA
Paprika mit Quinoa-Feta-Füllung 154
Quinoa-Salat mit Feigen, Feta und grünen Bohnen 103
Quinoa-Salat mit Feigen, Feta und grünen Bohnen 103
RADICCHIO
Tomatenrisotto mit karamellisierten Kirschtomaten und Radicchio 135
RADIESCHEN
Röstkartoffelsalat mit Frühlingsgrünzeug 118
Rahm-Gurkensalat 23
Ratatouille-Gratin, mediterranes 177
Räuchertofu-Buletten mit Rahm-Gurkensalat 23

REIS
Bärlauchrisotto mit gebratenem weißem Spargel 139
Gemüse-Biryani mit Minz-Raita 39
Ingwerscharfer Fried Rice mit Zuckermais und Tofu 24
Rührgebratener Brokkoli mit Kokosreis 27
Tomatenrisotto mit karamellisierten Kirschtomaten und Radicchio 135
Remoulade, vegane 36
Riesencouscous mit geröstetem Blumenkohl und Tahinsauce 33
Riesen-Gemüserösti mit Erbsen-Avocado-Mus 40
RINGELBETE
Weiße-Bohnen-Salat mit knusprigem Feta und Olivensauce 121
Rosa Zwiebel-Pickles 168
ROSENKOHL
Pasta mit ofengeröstetem Rosenkohl und Walnüssen 82
Röstkartoffeln mit grüner Sauce 30
Röstkartoffelsalat mit Frühlingsgrünzeug 118
ROTE BETE
Buchweizensalat mit Roter Bete und Granatapfel 116
Rote-Linsen-Kokos-Suppe mit Mango und Joghurt 59
ROTKOHL
Rotkohlsalat mit gebratenem Tempeh 122
Rotkohlsalat mit gebratenem Tempeh 122
RUCOLA
Pasta mit cremiger Avocadosauce und Rucola 85
Rührgebratener Brokkoli mit Kokosreis 27
Salatsauce, leicht scharfe orientalische 109
SAUERKRAUT
Sauerkraut-Kartoffel-Suppe mit Räuchertofu 65
Sauerkraut-Kartoffel-Suppe mit Räuchertofu 65
Scharfe Knusperbrösel 94
Scharfer Bohneneintopf mit Harissa-Mayonnaise 71
Scharfer Edamame-Zuckerschoten-Salat mit knusprigem Tofu 112
Scharfes Tomatenpesto 140
Schnelle Karotten-Ingwer-Pickles 168
Schnelles Cassoulet mit Kartoffeln und Lauch 166
SCHWARZKOHL
Graupenrisotto mit Schwarzkohl 146
Seidentofu-Mayonnaise, vegane 36
SELLERIE
Kräftige Gemüsebrühe 60
Sesamsauce, cremige 108
Sizilianische Caponata mit Cannellinibohnen 100
Sonnenblumenkern-Streukäse 87
Spaghetti carbonara, cremige 90
SPARGEL
Bärlauchrisotto mit gebratenem weißem Spargel 139
Grüner Spargel mit Pinienkern-Panko-Kruste 174
Mediterraner Brotsalat mit weißem Spargel 106
Pasta aglio e olio mit grünem Spargel 77
Spicy Gurken-Erdnuss-Salat mit Tofuhack 125
SPINAT
Grüne Spinat-Brokkoli-Pasta 97
Knuspriges Haselnuss-Spinat-Pesto 141
Linsen-Spinat-Suppe mit Safran und Zitrone 68
Palak mit Tofu-Paneer – Spinatcurry mit Tofu 145
Weiße-Bohnen-Salat mit knusprigem Feta und Olivensauce 121
Spinat-Brokkoli-Pasta, grüne 97
Spinatcurry mit Tofu 145
STAUDENSELLERIE
Mediterrane Tomatensuppe mit Nudel-Oliven-Topping 49
Minestrone mit Borlottibohnen 56
Pasta e ceci – One-Pot-Pasta mit Kichererbsensugo 89
Scharfer Bohneneintopf mit Harissa-Mayonnaise 71
Sizilianische Caponata mit Cannellinibohnen 100
STECKRÜBE
Herzhaftes Steckrübenmus mit Balsamico-Weintrauben 128
Steckrübeneintopf mit Grünkohl 54
Steckrübeneintopf mit Grünkohl 54
Steckrübenmus, herzhaftes, mit Balsamico-Weintrauben 128
Steinpilz-Nuss-Streukäse 86
SÜSSKARTOFFEL
Süßkartoffel-Paprika-Pfanne mit Knoblauchdip 18
Süßkartoffelsuppe mit scharfem Cashew-Sprinkle 53
Süßkartoffel-Paprika-Pfanne mit Knoblauchdip 18
Süßkartoffelsuppe mit scharfem Cashew-Sprinkle 53
Süßsaures Apfel-Cranberry-Chutney 169
Tahinsauce 33
TEMPEH
Rotkohlsalat mit gebratenem Tempeh 122
Teriyaki-Tofu, chilischarfer, mit Pak Choi 20
Tikka Masala, ingwerscharfes, mit Tofu 142

TOFU
Chilischarfer Teriyaki-Tofu mit Pak Choi 20
Cremige Spaghetti carbonara 90
Ingwerscharfer Fried Rice mit Zuckermais und Tofu 24
Ingwerscharfes Tikka Masala mit Tofu 142
Maiscremesuppe mit Frühlingszwiebel und Tofu-Cashew-Topping 50
Mie-Nudeln mit scharfem Tofuhack 28
Palak mit Tofu-Paneer – Spinatcurry mit Tofu 145
Pfifferlingspasta 79
Räuchertofu-Buletten mit Rahm-Gurkensalat 23
Röstkartoffeln mit grüner Sauce 30
Sauerkraut-Kartoffel-Suppe mit Räuchertofu 65
Scharfer Edamame-Zuckerschoten-Salat mit knusprigem Tofu 112
Spicy Gurken-Erdnuss-Salat mit Tofuhack 125
Tofu-Cashew-Topping 50
TOMATE
Gemüse-Frittata aus dem Ofen 171
Goldgelbe Polentapizza mit Tomaten und Artischocken 157
Graupenrisotto mit Schwarzkohl 146
Grüner Spargel mit Pinienkern-Panko-Kruste 174
Hirsepfanne mit Aubergine und weißen Bohnen 42
Hirsesalat mit gebratenem Sommergemüse 104
Ingwerscharfes Tikka Masala mit Tofu 142
Kichererbsen-Gemüse-Topf mit Oliven und Salzzitrone 149
Kräftige Gemüsebrühe 60
Mediterraner Brotsalat mit weißem Spargel 106
Mediterranes Ratatouille-Gratin 177
Minestrone mit Borlottibohnen 56
Paprika mit Quinoa-Feta-Füllung 154
Pasta aglio e olio mit grünem Spargel 77
Pasta mit Paprikapesto und scharfen Knusperbröseln 94
Quinoa-Salat mit Feigen, Feta und grünen Bohnen 103
Scharfer Bohneneintopf mit Harissa-Mayonnaise 71
Scharfes Tomatenpesto 140
Sizilianische Caponata mit Cannellinibohnen 100
Tomatenrisotto mit karamellisierten Kirschtomaten und Radicchio 135
Würziges Weißkohl-Kartoffel-Curry mit Kokosdip 132
Tomatenpesto, scharfes 140
Tomatenrisotto mit karamellisierten Kirschtomaten und Radicchio 135
Tomatensuppe, mediterrane, mit Nudel-Oliven-Topping 49
Vegane Aioli 37
Vegane Mayonnaise 37
Vegane Remoulade 36
Vegane Seidentofu-Mayonnaise 36
Vinaigrette, französische 108
Walnuss-Streukäse 87
WEINTRAUBEN
Flammkuchen mit Pilzen und Weintrauben 172
Herzhaftes Steckrübenmus mit Balsamico-Weintrauben 128
Weiße-Bohnen-Salat mit knusprigem Feta und Olivensauce 121
WEISSKOHL
Gerösteter Ofen-Weißkohl mit Kartoffel-Senf-Stampf 164
Würziges Weißkohl-Kartoffel-Curry mit Kokosdip 132
Weißkohl-Kartoffel-Curry, würziges, mit Kokosdip 132
WIRSING
Minestrone mit Borlottibohnen 56
Würzige Kichererbsen-Buletten 34
Würziges Mangochutney 169
Würziges Weißkohl-Kartoffel-Curry mit Kokosdip 132
Zitronige Oliven-Gremolata 67
Zitroniger Bohnen-Kräuter-Dip 163
ZUCCHINI
Gemüse-Frittata aus dem Ofen 171
Hirsesalat mit gebratenem Sommergemüse 104
Mediterranes Ratatouille-Gratin 177
Riesen-Gemüserösti mit Erbsen-Avocado-Mus 40
Scharfer Bohneneintopf mit Harissa-Mayonnaise 71
Sizilianische Caponata mit Cannellinibohnen 100
ZUCKERSCHOTEN
Ingwerscharfer Fried Rice mit Zuckermais und Tofu 24
Scharfer Edamame-Zuckerschoten-Salat mit knusprigem Tofu 112
Zwiebel-Pickles, rosa 168

REZEPTKATEGORIEN Unten auf den Rezeptseiten findest du Hinweise, ob das Gericht ohne Soja, Gluten oder raffinierten Zucker auskommt. Um es nicht zu kompliziert zu machen, habe ich Produkte als sojafrei gekennzeichnet, die es in den allermeisten Fällen auch sind, bei denen es aber auch mal eine Variante mit etwas Soja gibt. Wem es wichtig ist, sich sojafrei zu ernähren, der sollte beim Einkauf immer einen Blick auf die Zutatenliste werfen.

SMARTE UNTERSTÜTZUNG AUS DEM INTERNET

gardify®

Noch mehr Aromen mit dem eigenen Gemüse

Durch lange Transportwege und Lagerung können wichtige Vitalstoffe und Aromen auf dem Weg zu dir verloren gehen. Die Eigenversorgung mit selbst angebautem, frisch geerntetem Gemüse ist deshalb ein echter Gewinn für mehr Genuss und mehr Gesundheit. Das ist viel einfacher, als du vielleicht glaubst, und auch ohne besondere Vorkenntnisse möglich. In unserer App „gardify" kannst du deine eigenen Gemüsesorten, Kräuter und Salate einfach in deiner Pflanzenliste aktivieren. Automatisch siehst du im To-do-Kalender in der App alle Pflegetipps für dein Gemüse zum richtigen Zeitpunkt und passend zu deinem Standort. Pflegen, schneiden, düngen, säen, ernten, überwintern – alles kein Problem mehr.

Verfügbar in den App-Stores oder unter www.gardify.de.
Jetzt kostenlos registrieren.

WWW.MENGENRECHNER.DE · UNSER KOSTENLOSER VERLAGSSERVICE

Der Einkaufs- und Ernährungsassistent für unsere Kochbücher

ABSCHREIBEN ODER ABFOTOGRAFIEREN WAR GESTERN Rezepte aus unseren Kochbüchern lassen sich kostenlos auf www.mengenrechner.de an die Personenzahl und individuelle Portionsgrößen anpassen und als E-Mail auf dein Smartphone schicken oder gleich dort aufrufen. Zutaten lassen sich streichen, neue Zutaten ergänzen.

REZEPT- UND ZUTATENFILTER Suche zum Beispiel nach veganen, vegetarischen, glutenfreien, laktosefreien oder nach Rezepten mit Zutaten, die du noch vorrätig hast. Speichere Lieblingsrezepte und Einkaufslisten.

PERSÖNLICHER ERNÄHRUNGSASSISTENT Sortiere Rezepte nach Kalorien, Kohlenhydraten, Fett- oder Eiweißgehalt. Berechne wissenschaftlich fundiert deinen täglichen Kalorienbedarf und -verbrauch. Lege Maximalwerte für Kalorien- oder Kohlenhydrataufnahme fest. Führe Tagesprotokolle mit Nährwertbilanz.

AUTORIN UND FOTOGRAF

ANNE-KATRIN WEBER Die Autorin Anne-Katrin Weber vertiefte nach ihrer Ausbildung zur Köchin ihre Praxis zunächst in der Sternegastronomie, bevor sie Ernährungswissenschaften studierte und redaktionelle Erfahrungen sammelte. Seitdem ist sie Autorin zahlreicher beliebter, teils mit Preisen ausgezeichneter Koch- und Backbücher sowie begehrte Foodstylistin. Besonders ihre Ideen für die vegetarische und vegane Küche stoßen zuverlässig auf große Begeisterung. In diesem Buch hat sie ihre liebsten Gerichte für unkomplizierten Genuss versammelt. Anne-Katrin Webers Rezepte gelingen – garantiert! Am Wochenende verbringt die Autorin gern viel Zeit mit Kochen und Backen, unter der Woche ist häufiger mal schnelle Küche angesagt. Mit Wolfgang Schardt hat Anne-Katrin Weber www.veggielicious.de ins Leben gerufen, den Foodblog rund um saisonales Gemüse. Hier leben die beiden ihre Liebe zu Tomaten, Fenchel und weiterem Grünzeug so richtig aus.

WOLFGANG SCHARDT Wolfgang Schardt ist einer der erfolgreichsten Food-Fotografen Deutschlands. Sein moderner Bildstil ist geprägt von reduzierter Klarheit und einem ausgeprägten Sinn für Ästhetik. In seinem Hamburger Fotostudio arbeitet er für Zeitschriften- und Buchverlage sowie für die Werbung. Seine Lieblingsthemen sind Essen und Trinken, nicht nur in der Fotografie. Er freut sich, dass er mit diesem Buch auf die Frage „Was gibt's zu essen?" auf einen Rezeptschatz an über 70 schnellen Gerichten zurückgreifen kann, die das Testessen im Fotostudio erfolgreich bestanden haben. Seine ganz persönlichen Lieblinge – das sei verraten – sind Ofen-Aubergine mit gerösteter Paprikasalsa, ingwerscharfes Tikka Masala mit Tofu und Buchweizensalat mit Roter Bete und Granatapfel. Mit Anne-Katrin verbindet ihn nicht nur die Liebe zu Gemüse und Kräutern aus dem eigenen Garten, sondern auch ihr gemeinsames Projekt www.veggielicious.de.

WEITERE BÜCHER VON ANNE-KATRIN WEBER UND WOLFGANG SCHARDT

Auch als E-Book erhältlich.

Deftig vegan – Orient Format 21 × 27 cm, 192 Seiten • 32,00 EUR (D), 32,90 EUR (A) • ISBN 978-3-95453-294-0
Deftig vegan Format 21 × 27 cm, 192 Seiten • 29,95 EUR (D), 30,80 EUR (A) • ISBN 978-3-95453-198-1
Deftig vegan mediterran Format 21 × 27 cm, 192 Seiten • 32,00 EUR (D), 32,90 EUR (A) • ISBN 978-3-95453-231-5
Deftig vegetarisch – Alpenküche Format 21 × 27 cm, 192 Seiten • 33,00 EUR (D), 34,00 EUR (A) • ISBN 978-3-95453-267-4
Deftig vegetarisch Format 21 × 27 cm, 224 Seiten • 29,95 EUR (D), 30,80 EUR (A) • ISBN 978-3-95453-017-5

VERLAGSDANK Leidenschaftlich widmen sich Anne-Katrin Weber und Wolfgang Schardt seit vielen Jahren der vegetarischen und veganen Küche. In diesem Buch ihrer Erfolgsreihe zeigen die beiden erneut, dass vegan nicht einseitig und langweilig, sondern vielfältig und kreativ sein kann. Anne-Katrin Weber hat es wieder geschafft, dass jedes Rezept richtig satt macht und dabei in maximal 30 Minuten auf dem Tisch steht. Mit den gelingsicheren, unkomplizierten und schnellen Rezepten hat sie aufs Neue ihren selbst gesteckten Anspruch übertroffen. Danke, Anne-Katrin, für deine Ideen und deine Begeisterung. Und danke, Wolfgang, dass du die Rezepte so lecker inszeniert und ins richtige Licht gerückt hast, dass einem das Wasser im Mund zusammenläuft. Danke an unser Dream-Team!

Der Verlag dankt zudem allen, die zum Gelingen des Buches beigetragen haben: Şebnem Yavuz für das Rezeptlektorat, Doreen Köstler für das Schlusslektorat und Viola Marschall für die Nährwertberechnung. Vielen Dank an Anne Krause für Layout, Gestaltung und Buchsatz. Außerdem danken wir unseren Mitarbeiterinnen und Mitarbeitern Valerie Mayer, Katerina Stegemann, Annika Steinacker, Lena Vaßen und Markus Neis.

IMPRESSUM

Originalausgabe
Becker Joest Volk Verlag GmbH & Co. KG
Bahnhofsallee 5, 40721 Hilden, Deutschland

1. Auflage März 2024

ISBN 978-3-95453-298-8

AUTORIN UND FOODSTYLING Anne-Katrin Weber
FOTOGRAFIE Wolfgang Schardt
PROJEKTLEITUNG Valerie Mayer
LEITUNG GRAFIK Dipl.-Des. Justyna Schwertner
COVERGESTALTUNG, LAYOUT, BUCHSATZ Dipl.-Des. Anne Krause
BILDBEARBEITUNG Dipl.-Des. Markus Neis
FACHLEKTORAT REZEPTE Şebnem Yavuz
LEKTORAT Doreen Köstler
DRUCK Graspo

WWW.MENGENRECHNER.DE
UNSER KOSTENLOSER VERLAGSSERVICE

Ausführliche Infos
Seite 189

BECKER
JOEST
VOLK
VERLAG
www.bjvv.de